CLASSIQUES POUR TOUS

P. CORNEILLE

LE CID — HORACE

ÉDITION ANNOTÉE

Par Frédéric GODEFROY

Tome Ier

PARIS

LIBRAIRIE DE LA SOCIÉTÉ BIBLIOGRAPHIQUE
Rue de Grenelle, 35.

1877

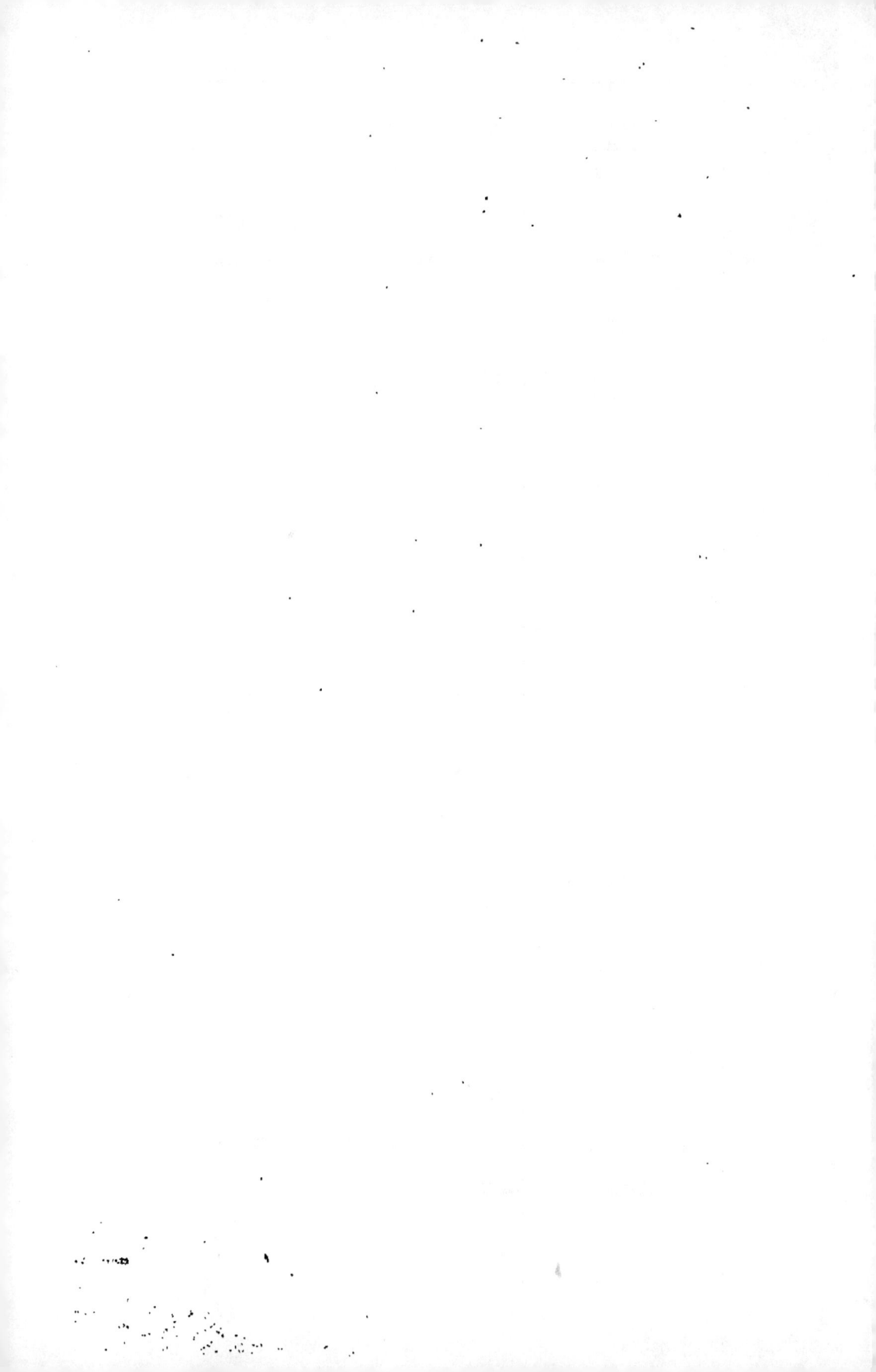

P. CORNEILLE

PARIS. — IMPR. JULES LE CLERE ET C⁰, RUE CASSETTE, 2O.

P. CORNEILLE

LE CID — HORACE

ÉDITION ANNOTÉE

Par Frédéric GODEFROY

Tome Ier

PARIS

LIBRAIRIE DE LA SOCIÉTÉ BIBLIOGRAPHIQUE

Rue de Grenelle, 35.

1877

VIE DE CORNEILLE

IERRE Corneille naquit à Rouen, le
6 juin 1606, de Pierre Corneille, avocat du roi à la Table de marbre de
Normandie, maître particulier des eaux
et forêts en la vicomté de Rouen; et de Marthe
le Pesant de Boisguilbert, sa femme, fille d'un
maître des comptes. Aîné de sept enfants, dont
le dernier naquit vingt-trois ans après lui, il fut
de bonne heure destiné à la robe. Il fut élevé
à Rouen, chez les Jésuites, pour lesquels il conserva une vive reconnaissance.

Au sortir du collége, Corneille étudia le droit,
et, le 18 juin 1624, il fut reçu avocat et prêta serment en cette qualité au parlement de Rouen.
« Mais, dit un de ses contemporains, comme il
avait trop d'élévation d'esprit pour ce métier-là
et un génie trop différent de celui des affaires, il
n'eut pas plutôt plaidé une fois, qu'il y renonça.
Il ne laissa pas de prendre la charge d'avocat
général à la Table de marbre du Palais, qui ne
l'engageait qu'à fort peu de chose.

L'amour, dit-on, le rendit poëte, et la poésie
l'enleva au barreau. Il débuta par des comédies :
Mélite, la première jouée en 1629, et celles qui la

suivirent, de 1632 à 1636, *Clitandre, la Veuve, le Traître trahi, la Galerie du Palais, la Suivante, la Place Royale, l'Illusion comique*, eurent beaucoup de succès, malgré leurs imperfections ; c'était déjà une grande amélioration et une promesse. Dans la *Veuve*, dans la *Galerie du Palais* et dans *la Suivante* circule toute la gaieté d'une jeunesse studieuse. Il y a un entrain extraordinaire dans ces trois pièces. L'auteur n'est déjà plus autant sous l'influence des modèles anciens, il approche de la comédie moderne, de la peinture de mœurs nationales, et nul doute qu'il n'eût fini par accomplir lui-même le grand progrès que Molière fit faire à l'art comique, s'il n'eût changé tout à coup de visée et ne se fût tourné tout entier vers la tragédie.

Dans l'espace de neuf années, Corneille avait donné six comédies en cinq actes et en vers, lorsqu'en 1636 il s'élança sur la scène tragique et fit jouer *Médée*. C'est le premier éclat de son génie. Il y prend l'essor vers le sublime tragique et y atteint presque.

Le futur grand tragique ne s'arrachait qu'avec peine à la comédie. Il y revient tout aussitôt après *Médée*, en donnant l'*Illusion comique* (1633). Dans cette dernière comédie de jeunesse on remarque déjà, avec une plus grande force d'invention, un style plus relevé que celui des comédies précédentes. On redemanda longtemps ce drame qui renferme trois pièces en une seule, qui tient autant de la tragédie que de la comédie, et dont les couleurs et le ton sont à chaque instant variés, mêlés et confondus.

Ce succès ne satisfit pas l'ambition du poëte;
il aspirait à de tout autres triomphes. Il les obtint
dès l'année suivante, la mémorable année 1637,
qui vit le *Cid* et l'éveil du génie de Corneille.

Le *Cid* était imité de l'espagnol Guillen de Castro.
Les jaloux et les ennemis du glorieux poëte
l'accusèrent de plagiat. En réponse à leurs at-
taques, il produisit *Horace*, œuvre dans laquelle
tout, excepté le sujet et le nom des personnages,
empruntés à l'histoire romaine, est entièrement
dû à son imagination.

La même année Corneille donna *Cinna ou la
clémence d'Auguste*, dont le succès fut immense
comme celui d'*Horace*. Le grand Condé, âgé de
vingt ans, assistant à la représentation de *Cinna*,
versa des larmes à ces paroles d'Auguste :

> Je suis maître de moi comme de l'univers.
> Je le suis, je veux l'être. O siècles ! ô mémoire !
> Conservez à jamais ma nouvelle victoire.
> Je triomphe aujourd'hui du plus noble courroux,
> De qui le souvenir puisse aller jusqu'à vous.
> Soyons amis, Cinna ; c'est moi qui t'en convie.

Après ce nouveau triomphe, Corneille conclut
un mariage ardemment désiré. A en croire son
neveu Fontenelle, il ne fallut rien moins qu'une
invervention toute-puissante et fort inattendue
pour que le poëte pût épouser Marie de Lamperière, fille de Mathieu de Lamperière, lieute-
tenant général aux Andelys.

« M. Corneille, encore fort jeune, dit-il, se pré-
senta un jour plus triste et plus rêveur qu'à l'ordinaire devant le cardinal de Richelieu, qui lui

demanda s'il travaillait. Il lui répondit qu'il était
bien éloigné de la tranquillité nécessaire pour la
composition, et qu'il avait la tête renversée par
l'amour. Il en fallut venir à un plus grand éclair-
cissement, et il dit au Cardinal qu'il aimait pas-
sionnément une fille du lieutenant général
d'Andelys, en Normandie et qu'il ne pouvait l'obtenir de son père. » Le Cardinal voulut que ce père
si difficile vînt à Paris. Il y arriva tout tremblant
d'un ordre si imprévu, et s'en retourna, bien
content d'en être quitte pour avoir donné sa fille à
un homme qui avait tant de crédit.

Le bonheur de cette union ne ralentit pas
l'essor du poëte. Bientôt il atteignit le point le
plus élevé de l'art en traitant un genre de tragédie
tout nouveau. Malgré ses sentiments chrétiens,
son talent avait eu, dans la plupart de ses œuvres,
un caractère tout profane. La muse chrétienne
l'inspira enfin et lui fit produire son plus incon-
testable chef-d'œuvre, *Polyeucte* (1640).

Tout le monde, y compris les beaux esprits,
avait applaudi à *Cinna* et à *Polyeucte;* mais,
comme il faut faire de la critique quand même,
on adressa au grand tragique le reproche de n'y
avoir pas mis assez de héros. Il répondit en donnant, après *Polyeucte*, une pièce où il y en a trop,
la *Mort de Pompée*. Cet ouvrage, d'un genre
unique, n'est pas, comme l'a remarqué Corneille
même, une véritable tragédie. Ce n'est guère
qu'une tentative pour mettre sur la scène des
morceaux excellents qui ne formaient pas un
tout.

Après avoir coup sur coup donné à la scène

des tragédies telles que le *Cid*, *Horace*, *Cinna*, *Polyeucte*, il paraissait impossible que l'esprit de Corneille pût revenir à la comédie. Il y fut ramené par la lecture de la *Sospechosa Verdad* (la vérité suspecte) d'Alarçon, Espagnol. Il écrivit le *Menteur* (1642), la première comédie de caractère qui ait paru en France, la première où les aventures romanesques et les turlupinades aient été remplacées sur la scène par la morale et par un ton de bon aloi. « Ce n'est pas une traduction, s'écrie Voltaire, mais c'est probablement à cette traduction que nous devons Molière. » Nous pouvons dire aujourd'hui que cela est certain, et Molière l'a reconnu lui-même dans une lettre à Boileau.

En 1644, Corneille revint au genre espagnol et au drame romanesque, en donnant *Rodogune*, princesse des Parthes, tragédie qui fut reçue par d'unanimes applaudissements et qui était de tous ses poëmes celui que Corneille estimait le plus. Le sujet en est grand et terrible ; mais, dit Voltaire, il ne présente qu'une longue suite d'atrocités sans causes, sans liaison, sans intérêt, sans vraisemblance. Il ne faut pas oublier cependant que Boileau était comme transporté d'admiration en récitant l'imprécation de Cléopâtre. La catastrophe est un des plus sublimes dénoûments qu'on ait jamais vus.

Le génie de Corneille ne se reconnaît plus dans une tragédie chrétienne, *Théodore, Vierge et martyre*, représentée en 1645, qui, par sa médiocrité, échappe à la critique sérieuse. Mais il se réveille dans *Héraclius* (1647), tragédie dont le style est bien meilleur que celui de Rodogune, et où l'empreinte d'une grandeur latine fait sentir, chez Corneille, l'admirateur de Tacite et de Lucain.

Dans *Don Sanche d'Aragon* (1651), il devance le drame moderne, et imagine la possibilité d'un genre où les personnages de la comédie figureraient dans une action héroïque. Il entrevit que rien ne défendait à la tragédie de descendre plus bas que les princes et les héros, quand il se rencontrait dans l'histoire des actions méritant qu'elle prît soin de les imiter.

L'année suivante Corneille donna encore une tragédie dans le même genre, *Nicomède*, qui aurait pu, comme *Don Sanche d'Aragon*, s'intituler comédie héroïque. Corneille, selon ses expressions, avait déjà fait réciter quarante mille vers sur la scène, et il devenait malaisé de trouver quelque chose de nouveau sans s'écarter un peu du grand chemin. Aussi dans *Nicomède* remplace-t-il la tendresse et la passion, qui doivent être l'âme des tragédies, par un sentiment héroïque, la grandeur du courage. Dans cette pièce il créa un nouveau genre, où la familiarité du langage, et parfois même les procédés de la comédie, servent à rehausser la grandeur du héros et à doubler l'impression du drame.

Il fit représenter en 1662 la dernière pièce qui mérite de nous occuper, *Sertorius*. « C'est ici, à proprement parler, dit La Harpe, que finit le grand Corneille : tout le reste n'offre que des lueurs passagères d'un génie éteint. » En effet, après *Sertorius*, Corneille est en pleine décadence et ici déjà il baisse singulièrement. L'intrigue de cette tragédie est d'un froid désespérant et toute la fable en est vicieuse. Elle n'inspire ni terreur ni pitié. Il n'y a là ni tendresse d'amour, ni emportement de passion, ni description pompeuse, ni narration pathétique : rien, en un mot, de ce qui intéresse, surprend et saisit le spectateur.

Pertharite (1663), *Agésilas* (1666), *Attila* (1665), *Suréna* (1675) rappellent à peine par quelques traits l'auteur du *Cid*, d'*Horace*, de *Cinna*, de *Polyeucte*.

La chute de *Suréna* obligea Corneille, malgré lui, à se retirer du théâtre, exécutant tardivement pour sa gloire la résolution qu'il annonçait déjà quand il disait, dans l'avis au lecteur de *Pertharite* : « Il est temps... que des préceptes de mon Horace je ne songe plus à pratiquer que celui-ci :

Solve senescentem mature sanus equum, ne
Peccet ad extremum ridendus et ilia ducat.

De sa retraite, qui dura encore dix ans, il fut témoin des succès de Jean Racine, son illustre rival, mais avec la consolation du moins de voir toujours reprendre et applaudir ses véritables chefs-d'œuvre.

Le grand poëte dramatique, après la chute de *Pertharite*, croyant sa verve épuisée, s'était une première fois retiré du théâtre. Il persévéra pendant six ans dans cet éloignement et donna tout ce temps à satisfaire ses sentiments pieux, en traduisant en vers l'*Imitation de Jésus-Christ*. Ce travail, auquel il fut poussé par quelques jésuites de ses amis, n'était pas sans difficulté pour un homme dont la plus grande partie de la vie s'était

écoulée au théâtre ; et l'original, malgré ses subli-
mités divines, se prêtait peu à la forme poétique.
Sa traduction de l'*Imitation* offre des beautés de
détail, mais en somme, comme ses *Poésies diverses,* dont nous ne nous occuperons pas, elle
rappelle ces vers d'un beau et fier remercîment
à Louis XIV :

> Mon génie au théâtre a voulu m'attacher.
> Il en a fait mon sort, je dois m'y retrancher.
> Partout ailleurs je rampe, et ne suis plus moi-même.

Corneille est rarement lui-même dans la traduction de l'*Imitation ;* cependant elle obtint un
succès propre à le dédommager des tribulations
de la scène, succès d'estime et succès d'argent,
double triomphe que le poëte chrétien attribuait
à une sorte de reconnaissance de Dieu envers ceux
qui travaillent à sa gloire.

Cependant de nouvelles et bien douloureuses
épreuves l'attendaient. En même temps que la
faveur du public l'abandonnait, il tomba dans le
dénûment et se vit négligé par la cour. A la fin
de 1665, il signale dans un sixain spirituel et
mordant les retards apportés au paiement de sa
pension qui lui était nécessaire pour vivre. Tout
son avoir consistait en quelques rentes de peu
d'importance, dans le produit de ses ouvrages et
dans une gratification annuelle de deux mille
livres. C'est avec ces faibles ressources qu'il eut à
pourvoir à l'éducation de ses enfants et à les
mettre tous en état d'embrasser une carrière.

Aux sollicitudes, aux anxiétés et aux privations
de la pauvreté, vinrent s'ajouter, pour accabler

le poëte, les malheurs, les chagrins. Il avait quatre fils, deux au service, et deux autres beaucoup plus jeunes, confiés aux soins des PP. Jésuites, comme il l'avait été lui-même. Le 6 juillet 1669, le second, qui était page de la duchesse de Nemours, fut blessé au siége de Damas et ramené sur un brancard. Peu de temps après, dans la même année, son troisième fils, Charles Corneille, filleul du P. de la Rue, qui a déploré son trépas dans une touchante élégie latine, mourait à quatorze ans, au moment où sa précoce intelligence faisait concevoir à son père les plus légitimes espérances.

Sa vieillesse fut sombre, désolée et *absolument nécessiteuse*. Vers 1679, sa pension, si insuffisante pour ses besoins accrus par l'âge, cessa de lui être payée. Son sort devint digne de pitié. Un habitant de Rouen, qui l'avait visité à Paris, écrivait à cette date : « J'ai vu hier notre parent et ami; il se porte assez bien pour son âge. Il m'a prié de vous faire des amitiés. Nous sommes sortis ensemble après le dîner, et, en passant par la rue de la Parcheminerie, il est entré dans une boutique pour faire raccommoder sa chaussure, qui était décousue. Il s'est assis sur une planche, et moi auprès de lui; et, lorsque l'ouvrier eut fini, il lui a donné trois pièces qu'il avait dans sa poche. Lorsque nous fûmes rentrés, je lui ai offert ma bourse; mais il n'a point voulu la recevoir ni la partager. J'ai pleuré qu'un si grand génie fût réduit à cet excès de misère. » Peu de temps avant la mort de Colbert, arrivée en septembre 1683, il avait inutilement réclamé d'être rétabli au nombre

de ceux qui avaient part aux gratifications dont
Sa Majesté honorait les gens de lettres. Le voici
malade, tout près de l'heure suprême, et il est
réduit à l'extrémité du besoin. Boileau apprend la
position cruelle du grand poëte envers lequel il
n'avait pas été toujours juste. Il court chez le roi
offrir le sacrifice de sa propre pension, disant qu'il
ne pouvait sans honte la toucher, tandis qu'à ses
derniers moments Corneille était privé du nécessaire. Louis XIV envoya deux cents louis à l'illustre malade, par l'intermédiaire de La Chapelle,
parent de Boileau. Mais ce secours arriva trop
tard. Deux jours après, dans la nuit du 30 septembre au 1ᵉʳ octobre, Pierre Corneille s'éteignit,
en son pauvre logis de la rue d'Argenteuil. Sa fin
fut aussi chrétienne que stoïque.

Nous terminerons cette étude en présentant
rapidement une appréciation d'ensemble sur les
productions, le talent et l'influence de notre plus
grand tragique.

Voltaire a dit avec raison que « le génie de Corneille a tout créé en France, » et la tragédie et la
comédie. Il renouvela tout au théâtre : sujets,
sentiments, style, jeux, costumes, décorations. Il
créa tout ensemble un art nouveau et un public
capable de le goûter. Les souillures des premiers
siècles, comme la licence des derniers, sont ban-
nis de la scène, a-t-il pu dire dans une lettre au
pape Alexandre VII. On voit monter et régner
à leur place les vertus morales, politiques, et quelquefois même les plus belles vertus chrétiennes.

Une noblesse constante et variée à l'infini dans
ses manifestations distingue tous ses person-

nages. Il en fait des types merveilleux de grandeur morale et leur donne certainement plus d'élévation d'âme qu'ils n'en eurent jamais. Il grandit toutes leurs qualités jusqu'à l'héroïsme. Mais il y a ici un excès. Les caractères, chez Corneille, ne sont point, comme dans la nature, diversifiés par le mélange des vices et des défauts, ils ne le sont que par la différence des vertus qui éclatent en eux. Ils sont tout d'une pièce, tout à fait bons ou entièrement mauvais. Trop absolu dans la peinture des sentiments, le poëte s'abandonne sans réserve à la situation, au caractère qu'il veut retracer.

Il fait dominer le sentiment de l'admiration sur tous les autres jusqu'à en faire la base de la tragédie. Il est le premier de tous les tragiques du monde qui ait tiré ses effets les plus puissants de l'admiration portée à son comble. Il se plaît si fort à commander ce sentiment, que lorsqu'il ne peut pas nous l'inspirer pour les héros de la vertu, il nous force à l'éprouver pour les héros du vice, tant il leur donne d'audace, de force, d'étendue d'esprit, tant il les élève au-dessus des faiblesses humaines. Dans le mal, comme dans le bien, ses héros dépassent la grandeur naturelle.

Ses héroïnes ont de même une énergie supérieure à leur sexe et elles subordonnent toujours l'amour à de plus nobles sentiments, excepté Camille, des *Horaces*, qui lui sacrifie tout, dieux, patrie et fraternité; ce qui, du reste, est encore outré.

Les Romaines de la façon de Corneille sont plus que Romaines : chez lui, les personnages féminins, sauf Chimène et Pauline, sont des hommes. La modestie et la simplicité manquent à ces femmes, qui n'ont de féminin que le nom. Elles font elles-mêmes et à tout propos parade de leurs vertus, dont elles se servent pour pousser au bien ou au mal leurs amants désespérés.

Avec sa fière indépendance de génie, Corneille est souvent esclave de la tradition, et il professe un respect craintif pour l'autorité d'Aristote, — et d'Aristote interprété par d'Aubignac. Cependant il lui arrive souvent, comme dans *Nicomède,* dans *Don Sanche,* d'élargir les règles conventionnelles.

Il professait une admiration excessive pour des auteurs d'un goût peu sûr : Lucain, Sénèque, Stace. Ses œuvres se ressentent naturellement de ses préférences littéraires. On l'y voit, trop souvent, plus attaché à la force, à la profondeur des idées, à la solidité du raisonnement, qu'au brillant de la forme et aux séductions du style. Il est presque toujours plus occupé de disserter que de toucher. Ses personnages les plus importants débitent sans cesse des maximes et des sentences, et trop fréquemment ses plus belles scènes ont le tort de ressembler à des dissertations philosophiques. Enfin, dans mainte pièce, il oublie que tout ce qui n'est point fait pour remuer fortement l'âme n'est pas du genre de la tragédie.

Un des caractères les plus distinctifs de son théâtre, c'est le mélange du génie romain et du génie espagnol. Dans ses tragédies il a mis neuf fois les Romains sur la scène, mais trop souvent ce sont des Romains espagnolisés ; suivant une expression énergique de Victor Hugo, Corneille a fait une Rome castillane.

Si des hauteurs de la composition on descend à l'examen du style de Corneille, il n'y a d'abord qu'une voix pour rendre hommage à la grandeur et à la majesté qu'il y a déployées. Corneille est, avec Bossuet, celui de tous nos auteurs qui peut le mieux corriger nos timidités scrupuleuses et redonner de l'essor à notre style devenu généralement trop terre à terre. Personne, en même temps, ne pratique mieux la familiarité noble : grands intérêts, grands sentiments et paroles simples, cela se voit à chaque instant chez lui, en particulier dans son dialogue, ce dialogue d'où jaillissent comme des éclairs, les traits soudains, les répliques vives et frappantes, et qui, si souvent, est familier autant que tragique.

Chose étonnante ! cet homme si grand au théâtre ne portait, dit-on, dans le monde que des manières communes et la simplicité d'un enfant, quelquefois une brusquerie d'humeur, une apparente rudesse qui pouvaient tromper sur son caractère. Don Bonaventure Dargonne, connu sous le nom de Vigneul de Marville, raconte que « la première fois qu'il le vit, il le prit pour un marchand de Rouen. Sa conversation était si pesante, ajoute le même écrivain, qu'elle devenait à charge dès qu'elle durait un peu. » La Bruyère, Fontenelle, tous ceux qui ont pu connaître Corneille, ou fréquenter des personnes qui l'avaient connu, ont parlé de ses manières et de sa conversation comme le prétendu Vigneul-Marville. Le grand Condé disait également de lui : « Il ne faut l'entendre qu'à l'hôtel Bourgogne. » Enfin Corneille lui-même parle là-dessus comme La Bruyère, Fontenelle et le prince de Condé. Dans un billet à Pellisson il dit avec candeur :

> J'ai la plume féconde et la bouche stérile.
> Bon galant au théâtre et fort mauvais en ville;
> Et l'on peut rarement m'écouter sans ennui,
> Que quand je me produis par la bouche d'autrui.

C'était un *bonhomme* comme La Fontaine. Il est à craindre qu'on ne revoie plus de *bonhomme* semblable à Jean de La Fontaine ou à Pierre Corneille.

Frédéric GODEFROY.

NOTICE SUR LE CID

Un M. de Chalon, qui avait été secrétaire de Marie de Médicis, retiré à Rouen dans sa vieillesse, eut l'occasion de le féliciter sur ses premiers succès. « Monsieur, lui dit-il un jour, vos comédies sont pleines d'esprit; mais permettez-moi de vous le dire, le genre que vous avez embrassé est indigne de vos talents; vous n'y pouvez acquérir qu'une renommée passagère : Vous trouvez chez les Espagnols des sujets qui, traités dans notre goût, par un esprit tel que le vôtre, produisent de grands effets. Apprenez leur langue; elle est aisée; j'offre de vous montrer ce que j'en sais. Nous traduirons d'abord ensemble quelques endroits de Guillen de Castro. » C'est à ces conseils heureusement suivis que la tragédie française dut le chef-d'œuvre qui devait la régénérer.

Le Cid, héros de la pièce de Guillen de Castro et de celle de Corneille, est un personnage presque légendaire. L'Espagne en a fait un idéal de bravoure et de loyauté, et les chants populaires, dès un demi-siècle après sa mort, ont tant ajouté à ses exploits qu'il est assez difficile de distinguer dans sa vie la partie réellement historique de celle qu'y

ont ajoutée les romances. Rodrigo, ou *Ruy*, *Diaz*
de Bivar, surnommé le Cid, descendait des anciens
juges et comtes de Castille. Il naquit au château
de Bivar, conquis par son père, près de Burgos,
sous le règne de Ferdinand le Grand, roi de Léon
et de Castille, vers 1026 ou 1045. Il fut élevé,
paraît-il, dans la maison de l'infante Urraca, fille
de Ferdinand le Grand. Vengeur d'une insulte
faite à son père, disent les romances, par le comte
de Gormaz, il le tua en duel, et épousa sa fille
Chimène, en espagnol Ximena, qui le demanda
elle-même au roi pour mari. Le surnom de Cid,
c'est-à-dire seigneur, lui fut donné par cinq chefs
arabes qu'il avait vaincus. Il acquit celui de Cam-
peador, c'est-à-dire vaillant et habile guerrier, par
ses hauts faits sous Sanche le Fort, fils de Ferdinand le Grand. Le Cid aida Sanche à dépouiller ses frères, Garcie, roi de Gallice, et Alphonse,
roi de Léon, et décida la victoire de Santarem et
celle de Golpejara ou du Carrion, qui amenèrent
successivement la déchéance et la captivité des
deux princes (1068-1071). En 1074, Sanche ayant
été assassiné devant Zamora, qu'il voulait aussi en-
lever à sa sœur Urraque, Rodrigue fut chargé par
les seigneurs castillans d'exiger de son successeur
Alphonse VI le serment qu'il n'était pour rien dans
la mort de son frère. De là, dit-on, la défaveur
du Cid, qui, à deux reprises, fut exilé ou, se voyant
disgracié, quitta de lui-même la Castille. Rappelé
la première fois, il contribua, en 1085, à la prise
de Tolède ; éloigné de nouveau, il fut appelé par
le roi de Sarragosse Ahmed pour repousser l'in-
vasion des farouches Almoravives, aussi dange-

reuse pour l'Espagne arabe que pour l'Espagne
chrétienne. Pour protéger Ahmed, il alla s'établir
au sud de son royaume, dans les montagnes voisines
de Téruel, où une montagne s'appelle encore la
roche du Cid, et le royaume de Sarragosse resta
indépendant. En 1094, il enleva aux Maures
Valence. Il projetait l'héroïque dessein de chasser
les Arabes d'Espagne, quand la mort le surprit,
en 1099.

Les chants populaires parlent seuls du duel où,
pour venger son père outragé, il avait tué le
comte de Gormaz, dont il épousa ensuite la fille
Chimène. L'amour mutuel de Chimène et de Rodrigue, avant la mort du comte, se trouve pour la
première fois dans le drame de Guillen de Castro,
la Jeunesse du Cid.

Corneille fit de grands emprunts à cette pièce
espagnole, mais,— en dépit des accusations de Voltaire qui voudrait faire passer pour plagiaire notre
sublime poète — il les fit en homme de génie.
Entre ses mains la conception première se trans-
forma. Non-seulement il eut le mérite d'abréger
avec un pathétique rapide les scènes plus déve-
loppées de l'original, mais il imprima au tout sa
marque personnelle. Aussi ce nouveau Cid, expression de tout un monde héroïque et passionné, eut-il
une réussite bien plus éclatante que la pièce espagnole. Il est difficile, dit Pellisson, de s'imaginer
avec quelle approbation elle fut reçue de la cour et
du public. On ne se pouvait lasser de la voir, on
n'entendait autre chose dans les compagnies,
chacun en savait quelque partie par cœur, on la
faisait apprendre aux enfants. En plusieurs pro-

vinces de France, il était passé en proverbe de
dire : « Cela est beau comme le Cid. » Corneille
avait dans son cabinet cette tragédie traduite en
toutes les langues de l'Europe, hors l'esclavonne et
la turque. Elle était en allemand, en anglais, en
flamand, et, par une exactitude flamande, dit
Fontenelle, on l'avait rendue vers pour vers. Elle
était en italien, et, ce qui est plus étonnant, en espagnol. Chimène, à laquelle on n'avait fait aucune
attention chez Guillen, dit un critique de notre
temps (1), devint l'idole de l'Europe ; l'Espagne
elle-même en retentit. La chronique dramatique
du Valencien avait eu si peu de popularité, et
Corneille en avait tant que, plusieurs années après,
Diamante s'avisa de traduire en vers espagnols
de huit pieds le chef-d'œuvre de notre scène. Il
mit les cinq actes de Corneille en trois journées,
y intercala l'inévitable bouffon qui amuse de ses
calembours le roi, le Cid et Chimène, et fit de son
modèle une pièce détestable. Imprimée en 1660,
sous ce titre : El honrador de su padre (le fils qui
honore son père), elle ne dut un moment de crédit
qu'au souvenir de Corneille.

Ce prodigieux succès fit ombrage à la médiocrité
et exaspéra la jalousie. L'auteur de la Veuve avait
été acclamé ; Scudéry s'était écrié :

« Le soleil est levé, disparaissez étoiles. »

L'auteur du Cid n'essuya que dépréciations et ou-
trages. Tous les critiques, encouragés par Richelieu,
d'abord favorable au Cid, déclarèrent avec leur

(1) Ph. Chasles, Etude sur les emprunts de Corneille
dans les Etudes sur l'Espagne, p. 455.

maître que la nouvelle pièce devait être classée bien
au-dessous des tragédies de Scudéry ; et Scudéry se
fit l'organe de toutes les sottises et de toutes les
basses envies ameutées contre le Cid. Il prétendît
prouver contre ce chef-d'œuvre si vanté que le sujet
n'en valait rien du tout, qu'il choquait les princi-
pales règles du poëme dramatique, qu'il manquait
de jugement en sa conduite, qu'il avait beaucoup
de méchants vers, que presque tout ce qu'il avait
de beautés étaient dérobées, et qu'ainsi l'estime
qu'on en faisait était injuste. La querelle s'échauffa
tellement, et le cardinal de Richelieu y entra si
avant, qu'il soumit le Cid au jugement de l'Académie pour obtenir d'elle une sentence de blâme.
Pendant cinq mois cette compagnie travailla à
l'examen qui lui était imposé, et, sur le rapport
après tout remarquable de Chapelain, le Cid fut
condamné. Mais cette sentence est loin d'être aussi
ridicule qu'on l'a souvent prétendu ; malgré sa
sévérité classique, elle est juste en plusieurs points
essentiels. Si elle condamne le Cid, en se fondant
sur ce qu'il est moralement invraisemblable que
Chimène consente à épouser le meurtrier de son
père le jour même où il l'a tué, elle approuve ce qui
est vraiment le sujet de la pièce, l'amour combattu
par le devoir.

L'Académie terminait son examen par ce résumé,
où le blâme et l'éloge sont mêlés assez équitable-
ment :

« Nous concluons, qu'encore que le sujet du Cid
ne soit pas bon, qu'il pèche dans son dénoûment,
qu'il soit chargé d'épisodes inutiles, que la bienséance y manque en beaucoup de lieux, aussi bien que

*la bonne disposition du théâtre, et qu'il y ait beau-
coup de vers bas, de façons de parler impures* (1);
*néanmoins la naïveté et la véhémence de ses pas-
sions, la force et la délicatesse de ses sentiments,
et cet agrément inexplicable qui se mêle dans
tous ses défauts, lui ont acquis un rang considérable entre les poëmes français de ce genre. Si son
auteur ne doit pas toute sa réputation à son mérite,
il ne la doit pas toute à son bonheur; et la nature
lui a été assez libérale pour excuser la fortune si
elle lui a été prodigue.* »

Mais comment des hommes d'esprit n'avaient-ils
pas senti qu'une pièce si étrangère aux idées des
Grecs n'était pas justiciable du tribunal d'Aristote?
Lors de la composition du Cid, la règle des unités
n'avait pas encore obtenu force de loi. Aussi Corneille tient-il peu de compte de l'unité de lieu. Il
conduit ses spectateurs partout où il croit pouvoir
leur montrer les scènes les plus intéressantes, au
palais du roi, dans la rue, dans la maison de don
Diègue ou dans celle du comte. Il s'applique à
observer l'unité de temps pour laquelle beaucoup
de critiques s'étaient déjà prononcés; mais cette
docilité, dont il s'est depuis repenti, le jette dans
de choquantes invraisemblances et le force d'en-
tasser dans l'espace de vingt-quatre heures une
accumulation de faits qui auraient demandé un
bien plus long temps pour s'accomplir.

On a encore reproché au Cid le rôle de l'infante.
Nous croyons, avec un bon juge des choses du

---

(1) C'est-à-dire, dans la règle du temps, qui pèchent contre
la pureté de la langue.

théâtre, que ce rôle se justifierait aisément. L'amour de cette princesse pour don Rodrigue, qu'elle ne saurait épouser puisque des rois ou des fils de rois ont seuls le droit de prétendre à sa main, montre, dit Théophile Gautier, quel charme vainqueur possède le jeune héros et sert d'excuse à Chimène ; il rentre d'ailleurs dans le sentiment général de la pièce, qui est le sacrifice de la passion au devoir, des affections les plus chères à l'honneur : Rodrigue tue le père de sa maîtresse qui a insulté le sien ; Chimène demande la mort d'un amant qu'elle adore pour venger la mort de don Gormas ; l'infante s'arrache son amour du cœur et pousse celui qu'elle aime vers Chimène pour mettre, par leur mariage, un obstacle entre elle et don Rodrigue et ne pas forfaire à son rang. Don Sanche, quoique fort épris de la fille de don Gormas, s'efface devant le plus digne et rapporte son épée, pénétré d'admiration pour le jeune Cid. L'infante n'est donc pas inutile à la pièce, elle y tient sa place, et les scènes qu'elle occupe donnent à l'action le temps moral de se passer.

Quoi qu'il en soit des critiques de détail dont il a été l'objet, le Cid, d'abord appelé par son auteur tragi-comédie à cause de l'heureux dénoûment de la pièce et de la physionomie de plusieurs scènes et de certains personnages, le Cid, représenté en même temps que Descartes faisait paraître le Discours de la méthode, *commence l'époque classique de la tragédie en France.*

F. GODEFROY.

LE CID

TRAGÉDIE 1636 (1)

PERSONNAGES.

D. FERNAND, premier roi de Castille.
D. URRAQUE, infante de Castille.
D. DIÈGUE, père de don Rodrigue.
D. GOMÈS, comte de Gormas, père de Chimène.
D. RODRIGUE, amant de Chimène.
D. SANCHE, amoureux de Chimène.
D. ARIAS, } gentilshommes castillans.
D. ALONSE, }
CHIMÈNE, fille de don Gomès.
LÉONOR, gouverneur de l'infante.
ELVIRE, gouvernante de Chimène.
UN PAGE de l'infante.

La scène est à Séville.

ACTE PREMIER

SCÈNE PREMIÈRE (2)

CHIMÈNE, ELVIRE

CHIMÈNE

ELVIRE, m'as-tu fait un rapport bien sincère?
Ne déguises-tu rien de ce qu'a dit mon père?

1. Dans l'origine, le *Cid* portait le titre de tragi-comédie.
2. La scène est tantôt au palais du roi, tantôt dans la maison du comte de Gormas, tantôt dans la ville ; mais, selon la remarque de Voltaire, l'unité de lieu serait observée aux yeux

ELVIRE

Tous mes sens à moi-même en sont encore charmés :
Il estime Rodrigue autant que vous l'aimez,
Et, si je ne m'abuse à lire dans son âme,
Il vous commandera de répondre à sa flamme.

CHIMÈNE

Dis-moi donc, je te prie, une seconde fois
Ce qui te fait juger qu'il approuve mon choix :
Apprends-moi de nouveau quel espoir j'en dois prendre ;
Un si charmant discours ne se peut trop entendre ;
Tu ne peux trop promettre aux feux de notre amour
La douce liberté de se montrer au jour.
Que t'a-t-il répondu sur la secrète brigue (1)
Que font auprès de toi don Sanche et don Rodrigue ?
N'as-tu point trop fait voir quelle inégalité
Entre ces deux amants me penche d'un côté ?

ELVIRE

Non ; j'ai peint votre cœur dans une indifférence
Qui n'enfle d'aucun d'eux ni détruit l'espérance,
Et, sans les voir d'un œil trop sévère ou trop doux,
Attend l'ordre d'un père à choisir un époux.
Ce respect l'a ravi, sa bouche et son visage
M'en ont donné sur l'heure un digne témoignage ;
Et puisqu'il vous en faut encor faire un récit,
Voici d'eux et de vous ce qu'en hâte il m'a dit :
« Elle est dans le devoir, tous deux sont dignes d'elle,
« Tous deux formés d'un sang noble, vaillant, fidèle,

les spectateurs, si on avait eu des théâtres dignes de Cor-
eille, semblables à celui de Vicence, qui représente une ville,
n palais, des rues, une place, etc.; car cette unité ne consiste
as à représenter toute l'action dans un cabinet, dans une
hambre, mais dans plusieurs endroits contigus que l'œil
uisse apercevoir sans peine.

1. *Brigue* est pris ici dans le sens de sollicitation amoureuse.

« Jeunes, mais qui font lire aisément dans leurs yeux
« L'éclatante vertu de leurs braves aïeux.
« Don Rodrigue surtout n'a trait en son visage
« Qui d'un homme de cœur ne soit la haute image,
« Et sort d'une maison si féconde en guerriers,
« Qu'ils y prennent naissance au milieu des lauriers.
« La valeur de son père en son temps sans pareille,
« Tant qu'a duré sa force, a passé pour merveille;
« Ses rides sur son front ont gravé ses exploits,
« Et nous disent encor ce qu'il fut autrefois.
« Je me promets du fils ce que j'ai vu du père;
« Et ma fille, en un mot, peut l'aimer et me plaire. »
Il allait au conseil, dont l'heure qui pressait
A tranché ce discours qu'à peine il commençait ;
Mais à ce peu de mots je crois que sa pensée
Entre vos deux amants n'est pas fort balancée.
Le roi doit à son fils élire un gouverneur,
Et c'est lui que regarde un tel degré d'honneur ;
Ce choix n'est pas douteux, et sa rare vaillance
Ne peut souffrir qu'on craigne aucune concurrence.
Comme ses hauts exploits le rendent sans égal,
Dans un espoir si juste il sera sans rival :
Et puisque don Rodrigue a résolu son père
Au sortir du conseil à proposer l'affaire,
Je vous laisse à juger s'il prendra bien son temps,
Et si tous vos désirs seront bientôt contents.

CHIMÈNE

Il semble toutefois que mon âme troublée
Refuse cette joie, et s'en trouve accablée.
Un moment donne au sort des visages divers,
Et dans ce grand bonheur je crains un grand revers.

ELVIRE

Vous verrez cette crainte heureusement déçue.

CHIMÈNE.

Allons, quoi qu'il en soit, en attendre l'issue.

SCÈNE II

L'INFANTE, LÉONOR, LE PAGE

L'INFANTE

Page, allez avertir Chimène de ma part
Qu'aujourd'hui pour me voir elle attend un peu tard,
Et que mon amitié se plaint de sa paresse.

(Le page rentre.)

LÉONOR

Madame, chaque jour même désir vous presse ;
Et dans son entretien je vous vois chaque jour
Demander en quel point se trouve son amour.

L'INFANTE

Ce n'est pas sans sujet ; je l'ai presque forcée
A recevoir les traits dont son âme est blessée :
Elle aime don Rodrigue, et le tient de ma main,
Et par moi don Rodrigue a vaincu son dédain ;
Ainsi de ces amants ayant formé les chaînes,
Je dois prendre intérêt à voir finir leurs peines.

LÉONOR

Madame, toutefois parmi leurs bons succès
Vous montrez un chagrin qui va jusqu'à l'excès.
Cet amour, qui tous deux les comble d'allégresse,
Fait-il de ce grand cœur la profonde tristesse ?
Et ce grand intérêt que vous prenez pour eux
Vous rend-il malheureuse alors qu'ils sont heureux ?
Mais je vais trop avant, et deviens indiscrète.

L'INFANTE

Ma tristesse redouble à la tenir secrète.

Écoute, écoute enfin comme j'ai combattu,
Écoute quels assauts brave encor ma vertu.
L'amour est un tyran qui n'épargne personne.
Ce jeune cavalier, cet amant que je donne,
Je l'aime.

LÉONOR
Vous l'aimez !

L'INFANTE
Mets la main sur mon cœur,
Et vois comme il se trouble au nom de son vainqueur,
Comme il le reconnaît.

LÉONOR
Pardonnez-moi, madame,
Si je sors du respect pour blâmer cette flamme.
Une grande princesse à ce point s'oublier
Que d'admettre en son cœur un simple cavalier !
Et que dirait le roi? que dirait la Castille?
Vous souvient-il encor de qui vous êtes fille?

L'INFANTE
Il m'en souvient si bien, que j'épandrai mon sang (1)
Avant que je m'abaisse à démentir mon rang.
Je te répondrais bien que dans les belles âmes
Le seul mérite a droit de produire des flammes;
Et, si ma passion cherchait à s'excuser,
Mille exemples fameux pourraient l'autoriser :
Mais je n'en veux point suivre où ma gloire s'engage;
La surprise des sens n'abat point mon courage;
Et je me dis toujours qu'étant fille de roi,
Tout autre qu'un monarque est indigne de moi,
Quand je vis que mon cœur ne se pouvait défendre,
Moi-même je donnai ce que je n'osais prendre.

---

1. Au XVIIᵉ siècle on disait aussi bien *épandre son sang* que
verser son sang.

Je mis, au lieu de moi, Chimène en ses liens,
Et j'allumai leurs feux pour éteindre les miens.
Ne t'étonne donc plus si mon âme gênée
Avec impatience attend leur hyménée :
Tu vois que mon repos en dépend aujourd'hui.
Si l'amour vit d'espoir, il périt avec lui :
C'est un feu qui s'éteint, faute de nourriture ;
Et, malgré la rigueur de ma triste aventure,
Si Chimène a jamais Rodrigue pour mari,
Mon espérance est morte et mon esprit guéri.
Je souffre cependant un tourment incroyable.
Jusques à cet hymen Rodrigue m'est aimable :
Je travaille à le perdre, et le perds à regret ;
Et de là prend son cours mon déplaisir secret.
Je vois avec chagrin que l'amour me contraigne
A pousser des soupirs pour ce que je dédaigne ;
Je sens en deux partis mon esprit divisé.
Si mon courage est haut, mon cœur est embrasé.
Cet hymen m'est fatal, je le crains et souhaite :.
Je n'ose en espérer qu'une joie imparfaite.
Ma gloire et mon amour ont pour moi tant d'appas,
Que je meurs s'il s'achève, ou ne s'achève pas.

LÉONOR

Madame, après cela je n'ai rien à vous dire,
Sinon que de vos maux avec vous je soupire :
Je vous blâmais tantôt, je vous plains à présent :
Mais, puisque dans un mal si doux et si cuisant
Votre vertu combat et son charme et sa force,
En repousse l'assaut, en rejette l'amorce,
Elle rendra le calme à vos esprits flottants.
Espérez donc tout d'elle, et du secours du temps :
Espérez tout du ciel ; il a trop de justice
Pour laisser la vertu dans un si long supplice.

L'INFANTE

Ma plus douce espérance est de perdre l'espoir.

LE PAGE

Par vos commandements Chimène vous vient voir.

L'INFANTE, à Léonor.

Allez l'entretenir en cette galerie.

LÉONOR

Voulez-vous demeurer dedans la rêverie ?

L'INFANTE

Non ; je veux seulement, malgré mon déplaisir,
Remettre mon visage un peu plus à loisir.
Je vous suis.
                   Juste ciel, d'où j'attends mon remède,
Mets enfin quelque borne au mal qui me possède,
Assure mon repos, assure mon honneur.
Dans le bonheur d'autrui je cherche mon bonheur.
Cet hyménée à trois également importe ;
Rends son effet plus prompt, ou mon âme plus forte.
D'un lien conjugal joindre ces deux amants,
C'est briser tous mes fers, et finir mes tourments.
Mais je tarde un peu trop : allons trouver Chimène,
Et par son entretien soulager notre peine.

SCÈNE III

LE COMTE, D. DIÈGUE

LE COMTE

Enfin vous l'emportez, et la faveur du roi
Vous élève en un rang qui n'était dû qu'à moi ;
Il vous fait gouverneur du prince de Castille.

D. DIÈGUE

Cette marque d'honneur qu'il met dans ma famille
Montre à tous qu'il est juste, et fait connaître assez
Qu'il sait récompenser les services passés.

LE COMTE

Pour grands que soient les rois, ils sont ce que nous
[sommes :]
Il peuvent se tromper comme les autres hommes ;
Et ce choix sert de preuve à tous les courtisans
Qu'ils savent mal payer les services présents.

D. DIÈGUE

Ne parlons plus d'un choix dont votre esprit s'irrite ;
La faveur l'a pu faire autant que le mérite.
Mais on doit ce respect au pouvoir absolu
De n'examiner rien quand un roi l'a voulu.
A l'honneur qu'il m'a fait ajoutez-en un autre ;
Joignons d'un sacré nœud ma maison à la vôtre.
Vous n'avez qu'une fille, et moi je n'ai qu'un fils ;
Leur hymen nous peut rendre à jamais plus qu'amis :
Faites-nous cette grâce, et l'acceptez pour gendre.

LE COMTE

A des partis plus hauts ce beau fils doit prétendre ;
Et le nouvel éclat de votre dignité
Lui doit enfler le cœur d'une autre vanité.
Exercez-la, monsieur, et gouvernez le prince ;
Montrez-lui comme il faut régir une province,
Faire trembler partout les peuples sous sa loi,
Remplir les bons d'amour, et les méchants d'effroi ;
Joignez à ces vertus celles d'un capitaine :
Montrez-lui comme il faut s'endurcir à la peine,
Dans le métier de Mars se rendre sans égal,
Passer les jours entiers et les nuits à cheval,
Reposer tout armé, forcer une muraille,
Et ne devoir qu'à soi le gain d'une bataille :
Instruisez-le d'exemple, et rendez-le parfait,
Expliquant à ses yeux vos leçons par l'effet.

D. DIÈGUE

Pour s'instruire d'exemple, en dépit de l'envie,
Il lira seulement l'histoire de ma vie.

Là, dans un long tissu de belles actions,
Il verra comme il faut dompter des nations,
Attaquer une place, ordonner une armée,
Et sur de grands exploits bâtir sa renommée.

LE COMTE

Les exemples vivants sont d'un autre pouvoir ;
Un prince dans un livre apprend mal son devoir.
Et qu'a fait, après tout, ce grand nombre d'années
Que ne puisse égaler une de mes journées ?
Si vous fûtes vaillant, je le suis aujourd'hui ;
Et ce bras du royaume est le plus ferme appui.
Grenade et l'Aragon tremblent quand ce fer brille ;
Mon nom sert de rempart à toute la Castille :
Sans moi, vous passeriez bientôt sous d'autres lois,
Et vous auriez bientôt vos ennemis pour rois.
Chaque jour, chaque instant, pour rehausser ma gloire,
Met lauriers sur lauriers, victoire sur victoire :
Le prince à mes côtés ferait dans les combats
L'essai de son courage à l'ombre de mon bras ;
Il apprendrait à vaincre en me regardant faire ;
Et, pour répondre en hâte à son grand caractère,
Il verrait...

D. DIÈGUE.

　　　　　Je le sais, vous servez bien le roi.
Je vous ai vu combattre et commander sous moi :
Quand l'âge dans mes nerfs a fait couler sa glace,
Votre rare valeur a bien rempli ma place :
Enfin, pour épargner les discours superflus,
Vous êtes aujourd'hui ce qu'autrefois je fus.
Vous voyez toutefois qu'en cette concurrence
Un monarque entre nous met quelque différence.

LE COMTE

Ce que je méritais, vous l'avez emporté.

D. DIÈGUE

Qui l'a gagné sur vous l'avait mieux mérité.

LE COMTE

Qui peut mieux l'exercer en est bien le plus digne.

D. DIÈGUE

En être refusé n'en est pas un bon signe.

LE COMTE

Vous l'avez eu par brigue, étant vieux courtisan.

D. DIÈGUE

L'éclat de mes hauts faits fut mon seul partisan.

LE COMTE

Parlons-en mieux, le roi fait honneur à votre âge.

D. DIÈGUE

Le roi, quand il en fait, le mesure au courage.

LE COMTE

Et par là cet honneur n'était dû qu'à mon bras.

D. DIÈGUE

Qui n'a pu l'obtenir ne le méritait pas.

LE COMTE

Ne le méritait pas! Moi?

D. DIÈGUE

Vous.

LE COMTE

                    Ton impudence,
Téméraire vieillard, aura sa récompense.

(Il lui donne un soufflet.)

D. DIÈGUE, mettant l'épée à la main.

Achève, et prends ma vie après un tel affront,
Le premier dont ma race ait vu rougir son front.

LE COMTE

Et que penses-tu faire avec tant de faiblesse?

D. DIÈGUE

O Dieu! ma force usée en ce besoin me laisse!

LE COMTE

Ton épée est à moi; mais tu serais trop vain
Si ce honteux trophée avait chargé ma main.
Adieu. Fais lire au prince, en dépit de l'envie,
Pour son instruction, l'histoire de ta vie;
D'un insolent discours ce juste châtiment
Ne lui servira pas d'un petit ornement.

SCÈNE IV

D. DIÈGUE.

O rage! ô désespoir! ô vieillesse ennemie!
N'ai-je donc tant vécu que pour cette infamie?
Et ne suis-je blanchi dans les travaux guerriers
Que pour voir en un jour flétrir tant de lauriers?
Mon bras, qu'avec respect toute l'Espagne admire,
Mon bras, qui tant de fois a sauvé cet empire,
Tant de fois affermi le trône de son roi,
Trahit donc ma querelle, et ne fait rien pour moi?
O cruel souvenir de ma gloire passée!
Œuvre de tant de jours en un jour effacée!
Nouvelle dignité, fatale à mon bonheur!
Précipice élevé d'où tombe mon honneur!
Faut-il de votre éclat voir triompher le comte,
Et mourir sans vengeance, ou vivre dans la honte?
Comte, sois de mon prince à présent gouverneur;
Ce haut rang n'admet point un homme sans honneur;
Et ton jaloux orgueil, par cet affront insigne,
Malgré le choix du roi, m'en a su rendre indigne.
Et toi, de mes exploits glorieux instrument,
Mais d'un corps tout de glace inutile ornement,

Fer jadis tant à craindre, et qui, dans cette offense,
M'as servi de parade, et non pas de défense,
Va, quitte désormais le dernier des humains,
Passe, pour me venger, en de meilleures mains.

SCÈNE V

D. DIÈGUE, D. RODRIGUE

D. DIÈGUE

Rodrigue, as-tu du cœur?

D. RODRIGUE

> Tout autre que mon père
L'éprouverait sur l'heure.

D. DIÈGUE

> Agréable colère !
Digne ressentiment à ma douleur bien doux !
Je reconnais mon sang à ce noble courroux ;
Ma jeunesse revit en cette ardeur si prompte.
Viens, mon fils, viens, mon sang, viens réparer ma
> [honte ;
Viens me venger.

D. RODRIGUE

De quoi ?

D. DIÈGUE

> D'un affront si cruel,
Qu'à l'honneur de tous deux il porte un coup mortel ;
D'un soufflet. L'insolent en eût perdu la vie ;
Mais mon âge a trompé ma généreuse envie ;
Et ce fer, que mon bras ne peut plus soutenir,
Je le remets au tien pour venger et punir.
Va contre un arrogant éprouver ton courage :
Ce n'est que dans le sang qu'on lave un tel outrage ;

Meurs, ou tue. Au surplus, pour ne te point flatter,
Je te donne à combattre un homme à redouter;
Je l'ai vu, tout couvert de sang et de poussière,
Porter partout l'effroi dans une armée entière.
J'ai vu, par sa valeur, cent escadrons rompus;
Et, pour t'en dire encor quelque chose de plus,
Plus que brave soldat, plus que grand capitaine,
C'est...

D. RODRIGUE

De grâce, achevez.

D. DIÈGUE

Le père de Chimène.

D. RODRIGUE

Le...

D. DIÈGUE

Ne réplique point, je connais ton amour;
Mais qui peut vivre infâme est indigne du jour;
Plus l'offenseur est cher, et plus grande est l'offense.
Enfin tu sais l'affront, et tu tiens la vengeance :
Je ne te dis plus rien. Venge-moi, venge-toi;
Montre-toi digne fils d'un père tel que moi.
Accablé des malheurs où le destin me range,
Je vais les déplorer. Va, cours, vole, et nous venge.

SCÈNE VI

D. RODRIGUE.

Percé jusques au fond du cœur
D'une atteinte imprévue aussi bien que mortelle,
Misérable vengeur d'une juste querelle,
Et malheureux objet d'une injuste rigueur,

Je demeure immobile, et mon âme abattue
        Cède au coup qui me tue.
  Si près de voir mon feu récompensé,
      O Dieu, l'étrange peine!
  En cet affront mon père est l'offensé,
  Et l'offenseur le père de Chimène!
     Que je sens de rudes combats!
Contre mon propre honneur mon amour s'intéresse
Il faut venger un père, et perdre une maîtresse;
L'un m'anime le cœur, l'autre retient mon bras.
Réduit au triste choix ou de trahir ma flamme,
     Ou de vivre en infâme,
  Des deux côtés mon mal est infini.
    O Dieu, l'étrange peine!
  Faut-il laisser un affront impuni?
  Faut-il punir le père de Chimène?
   Père, maîtresse, honneur, amour,
Noble et dure contrainte, aimable tyrannie,
Tous mes plaisirs sont morts, ou ma gloire ternie.
L'un me rend malheureux, l'autre indigne du jour.
Cher et cruel espoir d'une âme généreuse,
     Mais ensemble amoureuse,
Digne ennemi de mon plus grand bonheur,
    Fer qui cause ma peine,
  M'es-tu donné pour venger mon honneur?
  M'es-tu donné pour perdre ma Chimène?
    Il vaut mieux courir au trépas.
Je dois à ma maîtresse aussi bien qu'à mon père;
J'attire en me vengeant sa haine et sa colère;
J'attire ses mépris en ne me vengeant pas.
A mon plus doux espoir l'un me rend infidèle,
     Et l'autre indigne d'elle.
  Mon mal augmente à le vouloir guérir;
    Tout redouble ma peine.
  Allons, mon âme; et, puisqu'il faut mourir,
Mourons du moins sans offenser Chimène.
    Mourir sans tirer ma raison!

Rechercher un trépas si mortel à ma gloire,
Endurer que l'Espagne impute à ma mémoire
D'avoir mal soutenu l'honneur de ma maison !
Respecter un amour dont mon âme égarée
   Voit la perte assurée !
  N'écoutons plus ce penser suborneur,
   Qui ne sert qu'à ma peine.
  Allons, mon bras, sauvons du moins l'honneur.
  Puisque après tout il faut perdre Chimène.
   Oui, mon esprit s'était déçu.
Je dois tout à mon père avant qu'à ma maîtresse :
Que je meure au combat, ou meure de tristesse,
Je rendrai mon sang pur comme je l'ai reçu.
Je m'accuse déjà de trop de négligence ;
   Courons à la vengeance ;
  Et, tout honteux d'avoir tant balancé,
   Ne soyons plus en peine
(Puisque aujourd'hui mon père est l'offensé,)
Si l'offenseur est père de Chimène.

ACTE DEUXIÈME

SCÈNE PREMIÈRE

D. ARIAS, LE COMTE

LE COMTE

Je l'avoue entre nous, mon sang un peu trop chaud
S'est trop ému d'un mot, et l'a porté trop haut.
Mais, puisque c'en est fait, le coup est sans remède.

D. ARIAS

Qu'aux volontés du roi ce grand courage cède :
Il y prend grande part ; et son cœur irrité

Agira contre vous de pleine autorité.
Aussi vous n'avez point de valable défense.
Le rang de l'offensé, la grandeur de l'offense,
Demandent des devoirs et des submissions (1)
Qui passent le commun des satisfactions.

LE COMTE

Le roi peut à son gré disposer de ma vie.

D. ARIAS

De trop d'emportement votre faute est suivie.
Le roi vous aime encore; apaisez son courroux.
Il a dit : « Je le veux; » désobéirez-vous ?

LE COMTE

Monsieur, pour conserver tout ce que j'ai d'estime,
Désobéir un peu n'est pas un si grand crime;
Et, quelque grand qu'il soit, mes services présents
Pour le faire abolir sont plus que suffisants.

D. ARIAS

Quoi qu'on fasse d'illustre et de considérable,
Jamais à son sujet un roi n'est redevable.
Vous vous flattez beaucoup, et vous devez savoir
Que qui sert bien son roi ne fait que son devoir.
Vous vous perdrez, monsieur, sur cette confiance.

LE COMTE

Je ne vous en croirai qu'après l'expérience.

D. ARIAS

Vous devez redouter la puissance d'un roi.

(1) Malherbe a employé, comme Corneille, *submission* pour *soumission*. Cette forme avait vieilli dès la dernière moitié du XVIIe siècle.

LE COMTE

Un jour seul ne perd pas un homme tel que moi.
Que toute sa grandeur s'arme pour mon supplice,
Tout l'État périra, s'il faut que je périsse.

D. ARIAS

Quoi ! vous craignez si peu le pouvoir souverain...

LE COMTE

D'un sceptre qui sans moi tomberait de sa main.
Il a trop d'intérêt lui-même en ma personne,
Et ma tête en tombant ferait choir sa couronne.

D. ARIAS

Souffrez que la raison remette vos esprits.
Prenez un bon conseil.

LE COMTE

Le conseil en est pris.

D. ARIAS

Que lui dirai-je enfin ? je lui dois rendre compte.

LE COMTE

Que je ne puis du tout consentir à ma honte.

D. ARIAS

Mais songez que les rois veulent être absolus.

LE COMTE

Le sort en est jeté, monsieur ; n'en parlons plus.

D. ARIAS

Adieu donc, puisqu'en vain je tâche à vous résoudre.
Avec tous vos lauriers, craignez encor le foudre (1).

(1) *Foudre* est souvent masculin dans le langage poétique.

LE COMTE

Je l'attendrai sans peur.

D. ARIAS

Mais non pas sans effet.

LE COMTE

Nous verrons donc par là don Diègue satisfait.

(Il est seul.)

Qui ne craint point la mort ne craint point les menaces.
J'ai le cœur au-dessus des plus fières disgrâces;
Et l'on peut me réduire à vivre sans bonheur,
Mais non pas me résoudre à vivre sans honneur.

SCÈNE II

LE COMTE, D. RODRIGUE

D. RODRIGUE

A moi, comte, deux mots.

LE COMTE

Parle.

D. RODRIGUE

Ote-moi d'un doute.

Connais-tu bien don Diègue?

LE COMTE

Oui.

D. RODRIGUE

Parlons bas; écoute.

Sais-tu que ce vieillard fut la même vertu (1),
La vaillance et l'honneur de son temps? le sais-tu?

(1) C'est-à-dire fut la vertu même.

LE COMTE

Peut-être.

D. RODRIGUE

Cette ardeur que dans les yeux je porte,
Sais-tu que c'est son sang? le sais-tu?

LE COMTE

Que m'importe?

D. RODRIGUE

A quatre pas d'ici je te le fais savoir.

LE COMTE

Jeune présomptueux!

D. RODRIGUE

Parle sans t'émouvoir.
Je suis jeune, il est vrai; mais aux âmes bien nées
La valeur n'attend point le nombre des années.

LE COMTE

Te mesurer à moi! qui t'a rendu si vain,
Toi qu'on n'a jamais vu les armes à la main?

D. RODRIGUE

Mes pareils à deux fois ne se font point connaître,
Et pour leurs coups d'essai veulent des coups de maître.

LE COMTE

Sais-tu bien qui je suis?

D. RODRIGUE

Oui! tout autre que moi
Au seul bruit de ton nom pourrait trembler d'effroi.
Les palmes dont je vois ta tête si couverte
Semblent porter écrit le destin de ma perte.

J'attaque en téméraire un bras toujours vainqueur ;
Mais j'aurai trop de force, ayant assez de cœur.
A qui venge son père il n'est rien d'impossible.
Ton bras est invaincu, mais non pas invincible.

LE COMTE

Ce grand cœur qui paraît aux discours que tu tiens
Par tes yeux, chaque jour, se découvrait aux miens ;
Et, croyant voir en toi l'honneur de la Castille,
Mon âme avec plaisir te destinait ma fille.
Je sais ta passion, et suis ravi de voir
Que tous ses mouvements cèdent à ton devoir,
Qu'ils n'ont point affaibli cette ardeur magnanime,
Que ta haute vertu répond à mon estime ;
Et que, voulant pour gendre un cavalier parfait,
Je ne me trompais point au choix que j'avais fait.
Mais je sens que pour toi ma pitié s'intéresse ;
J'admire ton courage, et je plains ta jeunesse.
Ne cherche point à faire un coup d'essai fatal ;
Dispense ma valeur d'un combat inégal ;
Trop peu d'honneur pour moi suivrait cette victoire :
A vaincre sans péril, on triomphe sans gloire.
On te croirait toujours abattu sans effort ;
Et j'aurais seulement le regret de ta mort.

D. RODRIGUE

D'une indigne pitié ton audace est suivie :
Qui m'ose ôter l'honneur craint de m'ôter la vie !

LE COMTE

Retire-toi d'ici.

D. RODRIGUE

Marchons sans discourir.

LE COMTE

Es-tu si las de vivre ?

D. RODRIGUE

As-tu peur de mourir ?

LE COMTE

Viens, tu fais ton devoir ; et le fils dégénère
Qui survit un moment à l'honneur de son père.

SCÈNE III

L'INFANTE, CHIMÈNE, LÉONOR

L'INFANTE

Apaise, ma Chimène, apaise ta douleur ;
Fais agir ta constance en ce coup de malheur ;
Tu reverras le calme après ce faible orage ;
Ton bonheur n'est couvert que d'un peu de nuage,
Et tu n'as rien perdu pour le voir différer.

CHIMÈNE

Mon cœur, outré d'ennuis, n'ose rien espérer.
Un orage si prompt qui trouble une bonace
D'un naufrage certain nous porte la menace ;
Je n'en saurais douter, je péris dans le port.
J'aimais, j'étais aimée, et nos pères d'accord ;
Et je vous en contais la charmante nouvelle,
Au malheureux moment que naissait leur querelle,
Dont le récit fatal, sitôt qu'on vous l'a fait,
D'une si douce attente a ruiné l'effet.
Maudite ambition, détestable manie,
Dont les plus généreux souffrent la tyrannie !
Honneur impitoyable à mes plus chers désirs,
Que tu me vas coûter de pleurs et de soupirs !

L'INFANTE

Tu n'as dans leur querelle aucun sujet de craindre.
Un moment l'a fait naître, un moment va l'éteindre.

Elle a fait trop de bruit pour ne pas s'accorder,
Puisque déjà le roi les veut accommoder :
Et tu sais que mon âme, à tes ennuis sensible,
Pour en tarir la source y fera l'impossible.

CHIMÈNE

Les accommodements ne font rien en ce point :
De si mortels affronts ne se réparent point.
En vain on fait agir la force ou la prudence ;
Si l'on guérit le mal, ce n'est qu'en apparence :
La haine que les cœurs conservent au dedans
Nourrit des feux cachés, mais d'autant plus ardents.

L'INFANTE

Le saint nœud qui joindra don Rodrigue et Chimène
Des pères ennemis dissipera la haine ;
Et nous verrons bientôt votre amour le plus fort
Par un heureux hymen étouffer ce discord.

CHIMÈNE

Je le souhaite ainsi plus que je ne l'espère :
Don Diègue est trop altier, et je connais mon père.
Je sens couler des pleurs que je veux retenir ;
Le passé me tourmente, et je crains l'avenir.

L'INFANTE

Que crains-tu ? d'un vieillard l'impuissante faiblesse ?

CHIMÈNE

Rodrigue a du courage.

L'INFANTE

　　　　　Il a trop de jeunesse.

CHIMÈNE

Les hommes valeureux le sont du premier coup.

L'INFANTE

Tu ne dois pas pourtant le redouter beaucoup ;
Il est trop amoureux pour te vouloir déplaire ;
Et deux mots de ta bouche arrêtent sa colère.

CHIMÈNE

S'il ne m'obéit point, quel comble à mon ennui !
Et, s'il peut m'obéir, que dira-t-on de lui ?
Etant né ce qu'il est, souffrir un tel outrage !
Soit qu'il cède ou résiste au feu qui me l'engage,
Mon esprit ne peut qu'être ou honteux ou confus
De son trop de respect, ou d'un juste refus.

L'INFANTE

Chimène a l'âme haute, et, quoique intéressée,
Elle ne peut souffrir une basse pensée :
Mais si jusques au jour de l'accommodement
Je fais mon prisonnier de ce parfait amant,
Et que j'empêche ainsi l'effet de son courage,
Ton esprit amoureux n'aura-t-il point d'ombrage ?

CHIMÈNE

Ah ! madame, en ce cas je n'ai plus de souci.

SCÈNE IV

L'INFANTE, CHIMÈNE, LÉONOR, LE PAGE

L'INFANTE

Page, cherchez Rodrigue, et l'amenez ici.

LE PAGE

Le comte de Gormas et lui...

CHIMÈNE

Bon Dieu ! je tremble.

L'INFANTE

Parlez.

LE PAGE

De ce palais ils sont sortis ensemble.

CHIMÈNE

Seuls?

LE PAGE

Seuls, et qui semblaient tout bas se quereller.

CHIMÈNE

Sans doute ils sont aux mains, il n'en faut plus parler.
Madame, pardonnez à cette promptitude.

SCÈNE V

L'INFANTE, LÉONOR

L'INFANTE

Hélas ! que dans l'esprit je sens d'inquiétude !
Je pleure ses malheurs, son amant me ravit ;
Mon repos m'abandonne, et ma flamme revit,
Ce qui va séparer Rodrigue de Chimène
Fait renaître à la fois mon espoir et ma peine ;
Et leur division, que je vois à regret,
Dans mon esprit charmé jette un plaisir secret.

LÉONOR

Cette haute vertu qui règne dans votre âme
Se rend-elle sitôt à cette lâche flamme ?

L'INFANTE

Ne la nomme point lâche, à présent que chez moi
Pompeuse et triomphante elle me fait la loi ;

Porte-lui du respect, puisqu'elle m'est si chère.
Ma vertu la combat, mais, malgré moi, j'espère;
Et d'un si fol espoir mon cœur mal défendu
Vole après un amant que Chimène a perdu.

LÉONOR

Vous laissez choir ainsi ce glorieux courage,
Et la raison chez vous perd ainsi son usage ?

L'INFANTE

Ah ! qu'avec peu d'effet on entend la raison,
Quand le cœur est atteint d'un si charmant poison !
Et lorsque le malade aime sa maladie,
Qu'il a peine à souffrir que l'on y remédie?

LÉONOR

Votre espoir vous séduit, votre mal vous est doux;
Mais enfin ce Rodrigue est indigne de vous.

L'INFANTE

Je ne le sais que trop; mais si ma vertu cède,
Apprends comme l'amour flatte un cœur qu'il possède.
Si Rodrigue une fois sort vainqueur du combat,
Si dessous sa valeur ce grand guerrier s'abat,
Je puis en faire cas, je puis l'aimer sans honte.
Que ne fera-t-il point, s'il peut vaincre le comte !
J'ose m'imaginer qu'à ses moindres exploits
Les royaumes entiers tomberont sous ses lois;
Et mon amour flatteur déjà me persuade
Que je le vois assis au trône de Grenade,
Les Maures subjugués trembler en l'adorant,
L'Aragon recevoir ce nouveau conquérant,
Le Portugal se rendre, et ses nobles journées
Porter de là les mers ses hautes destinées;
Du sang des Africains arroser ses lauriers;
Enfin, tout ce qu'on dit des plus fameux guerriers,
Je l'attends de Rodrigue après cette victoire,
Et fais de son amour un sujet de ma gloire.

LÉONOR

Mais, madame, voyez où vous portez son bras,
Ensuite d'un combat qui peut-être n'est pas :

L'INFANTE

Rodrigue est offensé, le comte a fait l'outrage ;
Ils sont sortis ensemble : en faut-il davantage?

LÉONOR

Eh bien ! ils se battront, puisque vous le voulez;
Mais Rodrigue ira-t-il si loin que vous allez?

L'INFANTE

Que veux-tu? je suis folle, et mon esprit s'égare ;
Tu vois par là quels maux cet amour me prépare.
Viens dans mon cabinet consoler mes ennuis;
Et ne me quitte point dans le trouble où je suis.

SCÈNE VI

D. FERNAND, D. ARIAS, D. SANCHE

D. FERNAND

Le comte est donc si vain et si peu raisonnable !
Ose-t-il croire encor son crime pardonnable?

D. ARIAS

Je l'ai de votre part longtemps entretenu.
J'ai fait mon pouvoir, sire, et n'ai rien obtenu.

D. FERNAND

Justes cieux ! ainsi donc un sujet téméraire
A si peu de respect et de soin de me plaire !
Il offense don Diègue, et méprise son roi !
Au milieu de ma cour il me donne la loi !

Qu'il soit brave guerrier, qu'il soit grand capitaine,
Je saurai bien rabattre une humeur si hautaine ;
Fût-il la valeur même, et le dieu des combats,
Il verra ce que c'est que de n'obéir pas.
Quoi qu'ait pu mériter une telle insolence,
Je l'ai voulu d'abord traiter sans violence ;
Mais puisqu'il en abuse, allez dès aujourd'hui,
Soit qu'il résiste ou non, vous assurer de lui.

D. SANCHE

Peut-être un peu de temps le rendrait moins rebelle ;
On l'a pris tout bouillant encor de sa querelle :
Sire, dans la chaleur d'un premier mouvement,
Un cœur si généreux se rend malaisément.
Il voit bien qu'il a tort, mais une âme si haute
N'est pas sitôt réduite à confesser sa faute.

D. FERNAND

Don Sanche, taisez-vous, et soyez averti
Qu'on se rend criminel à prendre son parti.

D. SANCHE

J'obéis, et me tais ; mais, de grâce encor, sire,
Deux mots en sa défense.

D. FERNAND

Et que pouvez-vous dire ?

D. SANCHE

Qu'une âme accoutumée aux grandes actions
Ne se peut abaisser à des submissions :
Elle n'en conçoit point qui s'expliquent sans honte ;
Et c'est à ce mot seul qu'a résisté le comte.
Il trouve en son devoir un peu trop de rigueur,
Et vous obéirait, s'il avait moins de cœur.
Commandez que son bras, nourri dans les alarmes,
Répare cette injure à la pointe des armes ;

Il satisfera, sire ; et vienne qui voudra,
Attendant qu'il l'ait su, voici qui répondra.

D. FERNAND

Vous perdez le respect ; mais je pardonne à l'âge,
Et j'excuse l'ardeur en un jeune courage.
Un roi dont la prudence a de meilleurs objets
Est meilleur ménager du sang de ses sujets :
Je veille pour les miens, mes soucis les conservent,
Comme le chef a soin des membres qui le servent.
Ainsi votre raison n'est pas raison pour moi ;
Vous parlez en soldat, je dois agir en roi ;
Et, quoi qu'on veuille dire, et quoi qu'il ose croire,
Le comte à m'obéir ne peut perdre sa gloire.
D'ailleurs l'affront me touche ; il a perdu d'honneur
Celui que de mon fils j'ai fait le gouverneur ;
S'attaquer à mon choix, c'est se prendre à moi-même,
Et faire un attentat sur le pouvoir suprême.
N'en parlons plus. Au reste, on a vu dix vaisseaux
De nos vieux ennemis arborer les drapeaux ;
Vers la bouche du fleuve ils ont osé paraître.

D. ARIAS

Les Maures ont appris par force à vous connaître,
Et, tant de fois vaincus, ils ont perdu le cœur
De se plus hasarder contre un si grand vainqueur.

D. FERNAND

Ils ne verront jamais, sans quelque jalousie,
Mon sceptre, en dépit d'eux, régir l'Andalousie ;
Et ce pays si beau, qu'ils ont trop possédé,
Avec un œil d'envie est toujours regardé.
C'est l'unique raison qui m'a fait dans Séville
Placer depuis dix ans le trône de Castille,
Pour les voir de plus près, et d'un ordre plus prompt
Renverser aussitôt ce qu'ils entreprendront.

D. ARIAS

Ils savent aux dépens de leurs plus dignes têtes
Combien votre présence assure vos conquêtes :
Vous n'avez rien à craindre.

D. FERNAND

     Et rien à négliger.
Le trop de confiance attire le danger ;
Et vous n'ignorez pas qu'avec fort peu de peine
Un flux de pleine mer jusqu'ici les amène.
Toutefois j'aurais tort de jeter dans les cœurs,
L'avis étant mal sûr, de paniques terreurs.
L'effroi que produirait cette alarme inutile,
Dans la nuit qui survient troublerait trop la ville :
Faites doubler la garde aux murs et sur le port,
C'est assez pour ce soir.

SCÈNE VII

D. FERNAND, D. SANCHE, D. ALONSE

D. ALONSE

     Sire, le comte est mort.
Don Diègue, par son fils, a vengé son offense.

D. FERNAND

Dès que j'ai su l'affront, j'ai prévu la vengeance ;
Et j'ai voulu dès lors prévenir ce malheur.

D. ALONSE

Chimène à vos genoux apporte sa douleur ;
Elle vient tout en pleurs vous demander justice.

D. FERNAND

Bien qu'à ses déplaisirs mon âme compatisse,

Ce que le comte a fait semble avoir mérité
Ce digne châtiment de sa témérité.
Quelque juste pourtant que puisse être sa peine,
Je ne puis sans regret perdre un tel capitaine.
Après un long service à mon État rendu,
Après son sang pour moi mille fois répandu,
A quelques sentiments que son orgueil m'oblige,
Sa perte m'affaiblit, et son trépas m'afflige.

SCÈNE VIII

D. FERNAND, D. DIÈGUE, CHIMÈNE, D. SANCHE,
D. ARIAS, D. ALONSE

CHIMÈNE

Sire, sire, justice !

D. DIÈGUE

Ah ! sire, écoutez-nous.

CHIMÈNE

Je me jette à vos pieds.

D. DIÈGUE

J'embrasse vos genoux.

CHIMÈNE

Je demande justice.

D. DIÈGUE

Entendez ma défense.

CHIMÈNE

D'un jeune audacieux punissez l'insolence :
Il a de votre sceptre abattu le soutien,
Il a tué mon père.

D. DIÈGUE

Il a vengé le sien.

CHIMÈNE

Au sang de ses sujets un roi doit la justice.

D. DIÈGUE

Pour la juste vengeance il n'est point de supplice.

D. FERNAND

Levez-vous l'un et l'autre, et parlez à loisir.
Chimène, je prends part à votre déplaisir ;
D'une égale douleur je sens mon âme atteinte.
    (A D. Diègue.)
Vous parlerez après ; ne troublez pas sa plainte.

CHIMÈNE

Sire, mon père est mort ; mes yeux ont vu son sang
Couler à gros bouillons de son généreux flanc ;
Ce sang qui tant de fois garantit vos murailles,
Ce sang qui tant de fois vous gagna des batailles,
Ce sang qui tout sorti fume encor de courroux
De se voir répandu pour d'autres que pour vous,
Qu'au milieu des hasards n'osait verser la guerre,
Rodrigue en votre cour vient d'en couvrir la terre.
J'ai couru sur le lieu, sans force et sans couleur ;
Je l'ai trouvé sans vie. Excusez ma douleur,
Sire, la voix me manque à ce récit funeste ;
Mes pleurs et mes soupirs vous diront mieux le reste.

D. FERNAND

Prends courage, ma fille, et sache qu'aujourd'hui
Ton roi te veut servir de père au lieu de lui.

CHIMÈNE

Sire, de trop d'honneur ma misère est suivie.
Je vous l'ai déjà dit, je l'ai trouvé sans vie ;

Son flanc était ouvert ; et, pour mieux m'émouvoir,
Son sang sur la poussière écrivait mon devoir ;
Ou plutôt sa valeur en cet état réduite
Me parlait par sa plaie et hâtait ma poursuite ;
Et, pour se faire entendre au plus juste des rois,
Par cette triste bouche elle empruntait ma voix.
Sire, ne souffrez pas que sous votre puissance
Règne devant vos yeux une telle licence :
Que les plus valeureux, avec impunité,
Soient exposés aux coups de la témérité ;
Qu'un jeune audacieux triomphe de leur gloire,
Se baigne dans leur sang, et brave leur mémoire.
Un si vaillant guerrier qu'on vient de vous ravir
Eteint, s'il n'est vengé, l'ardeur de vous servir.
Enfin mon père est mort, j'en demande vengeance,
Plus pour votre intérêt que pour mon allégeance.
Vous perdez en la mort d'un homme de son rang ;
Vengez-la par une autre, et le sang par le sang.
Immolez, non à moi, mais à votre couronne,
Mais à votre grandeur, mais à votre personne ;
Immolez, dis-je, sire, au bien de tout l'Etat
Tout ce qu'enorgueillit un si haut attentat.

D. FERNAND

Don Diègue, répondez.

D. DIÈGUE

    Qu'on est digne d'envie
Lorsqu'en perdant la force, on perd aussi la vie !
Et qu'un long âge apprête aux hommes généreux,
Au bout de leur carrière, un destin malheureux !
Moi, dont les longs travaux ont acquis tant de gloire,
Moi, que jadis partout a suivi la victoire,
Je me vois aujourd'hui, pour avoir trop vécu,
Recevoir un affront et demeurer vaincu.
Ce que n'a pu jamais combat, siége, embuscade,
Ce que n'a pu jamais Aragon ni Grenade,

Ni tous vos ennemis, ni tous mes envieux,
Le comte en votre cour l'a fait presque à vos yeux,
Jaloux de votre choix, et fier de l'avantage
Que lui donnait sur moi l'impuissance de l'âge.
Sire, ainsi ces cheveux blanchis sous le harnois,
Ce sang pour vous servir prodigué tant de fois,
Ce bras, jadis l'effroi d'une armée ennemie,
Descendaient au tombeau tout chargé d'infamie,
Si je n'eusse produit un fils digne de moi,
Digne de son pays, et digne de son roi.
Il m'a prêté sa main, il a tué le comte;
Il m'a rendu l'honneur, il a lavé ma honte.
Si montrer du courage et du ressentiment,
Si venger un soufflet mérite un châtiment,
Sur moi seul doit tomber l'éclat de la tempête :
Quand le bras a failli, l'on en punit la tête.
Qu'on nomme crime ou non ce qui fait nos débats,
Sire, j'en suis la tête, il n'en est que le bras.
Si Chimène se plaint qu'il a tué son père,
Il ne l'eût jamais fait, si je l'eusse pu faire.
Immolez donc ce chef que les ans vont ravir,
Et conservez pour vous le bras qui peut servir.
Aux dépens de mon sang satisfaites Chimène :
Je n'y résiste point, je consens à ma peine;
Et, loin de murmurer d'un rigoureux décret,
Mourant sans déshonneur, je mourrai sans regret.

D. FERNAND

L'affaire est d'importance, et, bien considérée,
Mérite en plein conseil d'être délibérée.
Don Sanche, remettez Chimène en sa maison,
Don Diègue aura ma cour et sa foi pour prison.
Qu'on me cherche son fils. Je vous ferai justice.

CHIMÈNE

Il est juste, grand roi, qu'un meurtrier périsse.

D. FERNAND

Prends du repos, ma fille, et calme tes douleurs.

CHIMÈNE

M'ordonner du repos, c'est croître mes malheurs (1).

ACTE TROISIÈME

SCÈNE PREMIÈRE

D. RODRIGUE, ELVIRE

ELVIRE

Rodrigue, qu'as-tu fait? où viens-tu, misérable?

D. RODRIGUE

Suivre le triste cours de mon sort déplorable.

ELVIRE

Où prends-tu cette audace et ce nouvel orgueil
De paraître en des lieux que tu remplis de deuil?
Quoi! viens-tu jusqu'ici braver l'ombre du comte?
Ne l'as-tu pas tué?

D. RODRIGUE

Sa vie était ma honte;
Mon honneur de ma main a voulu cet effort.

ELVIRE

Mais chercher ton asile en la maison du mort!
Jamais un meurtrier en fit-il son refuge?

D. RODRIGUE

Et je n'y viens aussi que m'offrir à mon juge.

(1) L'emploi actif de *croître*, pour dire accroître, augmenter, est autorisé par tous les bons auteurs classiques.

Ne me regarde plus d'un visage étonné ;
Je cherche le trépas après l'avoir donné.
Mon juge est mon amour, mon juge est ma Chimène ;
Je mérite la mort de mériter sa haine,
Et j'en viens recevoir, comme un bien souverain,
Et l'arrêt de sa bouche, et le coup de sa main.

ELVIRE

Fuis plutôt de ses yeux, fuis de sa violence ;
A ses premiers transports dérobe ta présence.
Va, ne t'expose point aux premiers mouvements
Que poussera l'ardeur de ses ressentiments.

D. RODRIGUE

Non, non, ce cher objet à qui j'ai pu déplaire
Ne peut pour mon supplice avoir trop de colère ;
Et j'évite cent morts qui me vont accabler (1),
Si pour mourir plus tôt je puis la redoubler.

ELVIRE

Chimène est au palais, de pleurs toute baignée,
Et n'en reviendra point que bien accompagnée.
Rodrigue, fuis, de grâce, ôte-moi de souci.
Que ne dira-t-on point si l'on te voit ici ?
Veux-tu qu'un médisant, pour comble à sa misère,
L'accuse d'y souffrir l'assassin de son père ?
Elle va revenir ; elle vient, je la voi :
Du moins, pour son honneur, Rodrigue, cache-toi.

SCÈNE II

D. SANCHE, CHIMÈNE, ELVIRE

D. SANCHE

Oui, madame, il vous faut de sanglantes victimes ;
Votre colère est juste, et vos pleurs légitimes ;

(1) *Cent morts* est une expression emphatique et un peu banale.

Et je n'entreprends pas, à force de parler,
Ni de vous adoucir, ni de vous consoler.
Mais si de vous servir je puis être capable,
Employez mon épée à punir le coupable ;
Employez mon amour à venger cette mort :
Sous vos commandements mon bras sera trop fort.

CHIMÈNE

Malheureuse !

D. SANCHE

De grâce, acceptez mon service.

CHIMÈNE

J'offenserais le roi, qui m'a promis justice.

D. SANCHE

Vous savez qu'elle marche avec tant de langueur,
Qu'assez souvent le crime échappe à sa longueur ;
Son cours lent et douteux fait trop perdre de larmes.
Souffrez qu'un cavalier vous venge par les armes :
La voie en est plus sûre, et plus prompte à punir.

CHIMÈNE

C'est le dernier remède ; et s'il y faut venir,
Et que de mes malheurs cette pitié vous dure,
Vous serez libre alors de venger mon injure.

D. SANCHE

C'est l'unique bonheur où mon âme prétend ;
Et, pouvant l'espérer, je m'en vais trop content.

SCÈNE III

CHIMÈNE, ELVIRE

CHIMÈNE

Enfin, je me vois libre, et je puis, sans contrainte,
De mes vives douleurs te faire voir l'atteinte ;

Je puis donner passage à mes tristes soupirs ;
Je puis t'ouvrir mon âme et tous mes déplaisirs.
Mon père est mort, Elvire ; et la première épée
Dont s'est armé Rodrigue, a sa trame coupée.
Pleurez, pleurez, mes yeux, et fondez-vous en eau !
La moitié de ma vie a mis l'autre au tombeau (1),
Et m'oblige à venger, après ce coup funeste,
Celle que je n'ai plus sur celle qui me reste.

ELVIRE

Reposez-vous, madame.

CHIMÈNE

                    Ah ! que mal à propos
Dans un malheur si grand tu parles de repos !
Par où sera jamais ma douleur apaisée,
Si je ne puis haïr la main qui l'a causée ?
Et que dois-je espérer qu'un tourment éternel,
Si je poursuis un crime, aimant le criminel !

ELVIRE

Il vous prive d'un père, et vous l'aimez encore !

CHIMÈNE

C'est peu de dire aimer, Elvire, je l'adore.
Ma passion s'oppose à mon ressentiment ;
Dedans mon ennemi je trouve mon amant ;
Et je sens qu'en dépit de toute ma colère
Rodrigue dans mon cœur combat encor mon père :

---

(1) Scudéri trouvait là trois moitiés. Cette affectation, cette apostrophe à ses yeux ont paru à tous les critiques une puérilité dont on ne trouve aucun exemple dans le théâtre grec.
    Et ce n'est point ainsi que parle la nature.
    Par quel art cependant ces vers touchent-ils ? N'est-ce point que *la moitié de ma vie a mis l'autre au tombeau*, porte dans l'âme une idée attendrissante qui subsiste encore malgré les vers qui suivent ? (V).

Il l'attaque, il le presse, il cède, il se défend,
Tantôt fort, tantôt faible, et tantôt triomphant :
·Mais, en ce dur combat de colère et de flamme,
Il déchire mon cœur sans partager mon âme ;
Et quoi que mon amour ait sur moi de pouvoir,
Je ne consulte point pour suivre mon devoir ;
Je cours sans balancer où mon honneur m'oblige,
Rodrigue m'est bien cher, son intérêt m'afflige ;
Mon cœur prend son parti ; mais, malgré son effort,
Je sais ce que je suis, et que mon père est mort.

ELVIRE

Pensez-vous le poursuivre ?

CHIMÈNE

Ah ! cruelle pensée !

Et cruelle poursuite où je me vois forcée !
Je demande sa tête, et crains de l'obtenir :
Ma mort suivra la sienne, et je le veux punir !

ELVIRE

Quittez, quittez, madame, un dessein si tragique ;
Ne vous imposez point de loi si tyrannique.

CHIMÈNE

Quoi ! mon père étant mort et presque entre mes bras,
Son sang criera vengeance, et je ne l'orrai (1) pas !
Mon cœur, honteusement surpris par d'autres charmes,
Croira. ne lui devoir que d'impuissantes larmes !
·Et je pourrai souffrir qu'un amour suborneur
Sous un lâche silence étouffe mon honneur !

ELVIRE

Madame, croyez-moi, vous serez excusable
D'avoir moins de chaleur contre un objet aimable.

(1) Ce futur du verbe *ouïr* n'est plus usité.

Contre un amant si cher, vous avez assez fait ;
Vous avez vu le roi, n'en pressez point l'effet :
Ne vous obstinez point en cette humeur étrange.

CHIMÈNE

Il y va de ma gloire, il faut que je me venge ;
Et, de quoi que nous flatte un désir amoureux,
Toute excuse est honteuse aux esprits généreux.

ELVIRE

Mais vous aimez Rodrigue, il ne vous peut déplaire.

CHIMÈNE

Je l'avoue.

ELVIRE

Après tout, que pensez-vous donc faire ?

CHIMÈNE

Pour conserver ma gloire et finir mon ennui,
Le poursuivre, le perdre, et mourir après lui (1).

SCÈNE IV

D. RODRIGUE, CHIMÈNE, ELVIRE

D. RODRIGUE

Eh bien ! sans vous donner la peine de poursuivre (2),
Assurez-vous l'honneur de m'empêcher de vivre.

---

(1) Ce vers excellent renferme toute la pièce et répond à toutes les critiques qu'on a faites sur le caractère de Chimène. (Voltaire.)

(2) Il fallait dire, *de me poursuivre. M'empêcher de vivre* est languissant, et n'exprime *donnez-moi la mort.*

CHIMÈNE

Elvire, où sommes-nous? et qu'est-ce que je voi?
Rodrigue en ma maison! Rodrigue devant moi!

D. RODRIGUE

N'épargnez point mon sang, goûtez, sans résistance,
La douceur de ma perte et de votre vengeance.

CHIMÈNE

Hélas!

D. RODRIGUE

Écoute-moi.

CHIMÈNE

Je me meurs.

D. RODRIGUE

Un moment.

CHIMÈNE

Va, laisse-moi mourir.

D. RODRIGUE

Quatre mots seulement;
Après, ne me réponds qu'avecque cette épée.

CHIMÈNE

Quoi! du sang de mon père encor toute trempée!

D. RODRIGUE

Ma Chimène...

CHIMÈNE

Ote-moi cet objet odieux,
Qui reproche ton crime et ta vie à mes yeux.

D. RODRIGUE

Regarde-le plutôt pour exciter ta haine,
Pour croître ta colère, et pour hâter ma peine.

CHIMÈNE

Il est teint de mon sang.

D. RODRIGUE

                    Plonge-le dans le mien ;
Et fais-lui perdre ainsi la teinture du tien (1).

CHIMÈNE

Ah ! quelle cruauté, qui tout en un jour tue
Le père par le fer, la fille par la vue !
Ote-moi cet objet, je ne le puis souffrir :
Tu veux que je t'écoute, et tu me fais mourir !

D. RODRIGUE

Je fais ce que tu veux, mais sans quitter l'envie
De finir par tes mains ma déplorable vie ;
Car enfin n'attends pas de mon affection
Un lâche repentir d'une bonne action.
L'irréparable effet d'une chaleur trop prompte
Déshonorait mon père, et me couvrait de honte.
Tu sais comme un soufflet touche un homme de cœur.
J'avais part à l'affront, j'en ai cherché l'auteur :
Je l'ai vu, j'ai vengé mon honneur et mon père ;
Je le ferais encor, si j'avais à le faire :
Ce n'est pas qu'en effet, contre mon père et moi,
Ma flamme assez longtemps n'ait combattu pour toi ;
Juge de son pouvoir : dans une telle offense
J'ai pu délibérer si j'en prendrais vengeance.
Réduit à te déplaire, ou souffrir un affront,
J'ai pensé qu'à son tour mon bras était trop prompt,

(1) Cette réflexion a paru un peu recherchée et alambiquée.

Je me suis accusé de trop de violence;
Et ta beauté, sans doute, emportait la balance,
A moins que d'opposer à tes plus forts appas
Qu'un homme sans honneur ne te méritait pas;
Que, malgré cette part que j'avais en ton âme,
Qui m'aima généreux me haïrait infâme;
Qu'écouter ton amour, obéir à sa voix,
C'était m'en rendre indigne et diffamer ton choix.
Je te le dis encore, et, quoique j'en soupire,
Jusqu'au dernier soupir je veux bien le redire;
Je t'ai fait une offense, et j'ai dû m'y porter
Pour effacer ma honte, et pour te mériter;
Mais, quitte envers l'honneur, et quitte envers mon père
C'est maintenant à toi que je viens satisfaire:
C'est pour t'offrir mon sang qu'en ce lieu tu me vois.
J'ai fait ce que j'ai dû, je fais ce que je dois.
Je sais qu'un père mort t'arme contre mon crime;
Je ne t'ai pas voulu dérober ta victime:
Immole avec courage au sang qu'il a perdu
Celui qui met sa gloire à l'avoir répandu.

CHIMÈNE

Ah, Rodrigue! il est vrai, quoique ton ennemic,
Je ne te puis blâmer d'avoir fui l'infamie;
Et, de quelque façon qu'éclatent mes douleurs,
Je ne t'accuse point, je pleure mes malheurs.
Je sais ce que l'honneur, après un tel outrage,
Demandait à l'ardeur d'un généreux courage:
Tu n'as fait le devoir que d'un homme de bien;
Mais aussi, le faisant, tu m'as appris le mien.
Ta funeste valeur m'instruit par ta victoire;
Elle a vengé ton père et soutenu ta gloire:
Même soin me regarde, et j'ai, pour m'affliger,
Ma gloire à soutenir, et mon père à venger.
Hélas! ton intérêt ici me désespère.
Si quelque autre malheur m'avait ravi mon père,
Mon âme aurait trouvé dans le bien de te voir

L'unique allégement qu'elle eût pu recevoir ;
Et contre ma douleur j'aurais senti des charmes,
Quand une main si chère eût essuyé mes larmes.
Mais il me faut te perdre après l'avoir perdu :
Cet effort sur ma flamme à mon honneur est dû ;
Et cet affreux devoir, dont l'ordre m'assassine,
Me force à travailler moi-même à ta ruine.
Car enfin n'attends pas de mon affection
De lâches sentiments pour ta punition.
De quoi qu'en ta faveur notre amour m'entretienne,
Ma générosité doit répondre à la tienne :
Tu t'es, en m'offensant, montré digne de moi ;
Je me dois, par ta mort, montrer digne de toi.

D. RODRIGUE

Ne diffère donc plus ce que l'honneur t'ordonne :
Il demande ma tête, et je te l'abandonne ;
Fais-en un sacrifice à ce noble intérêt ;
Le coup m'en sera doux, aussi bien que l'arrêt.
Attendre après mon crime une lente justice,
C'est reculer ta gloire autant que mon supplice.
Je mourrai trop heureux mourant d'un coup si beau.

CHIMÈNE

Va, je suis ta partie, et non pas ton bourreau.
Si tu m'offres ta tête, est-ce à moi de la prendre ?
Je la dois attaquer, mais tu dois la défendre ;
C'est d'un autre que toi qu'il me faut l'obtenir,
Et je dois te poursuivre, et non pas te punir.

D. RODRIGUE

De quoi qu'en ma faveur notre amour t'entretienne,
Ta générosité doit répondre à la mienne ;
Et pour venger un père emprunter d'autres bras,
Ma Chimène, crois-moi, c'est n'y répondre pas :
Ma main seule du mien a su venger l'offense,
Ta main seule du tien doit prendre la vengeance.

CHIMÈNE

Cruel ! à quel propos sur ce point t'obstiner ?
Tu t'es vengé sans aide, et tu m'en veux donner !
Je suivrai ton exemple, et j'ai trop de courage
Pour souffrir qu'avec toi ma gloire se partage.
Mon père et mon honneur ne veulent rien devoir
Aux traits de ton amour ni de ton désespoir.

D. RODRIGUE

Rigoureux point d'honneur ! hélas ! quoi que je fasse,
Ne pourrai-je à la fin obtenir cette grâce ?
Au nom d'un père mort, ou de notre amitié,
Punis-moi par vengeance, ou du moins par pitié.
Ton malheureux amant aura bien moins de peine
A mourir par ta main qu'à vivre avec ta haine.

CHIMÈNE

Va, je ne te hais point.

D. RODRIGUE

Tu le dois.

CHIMÈNE

Je ne puis.

D. RODRIGUE

Crains-tu si peu le blâme, et si peu les faux bruits ?
Quand on saura mon crime et que ta flamme dure,
Que ne publieront point l'envie et l'imposture !
Force-les au silence, et, sans plus discourir,
Sauve ta renommée en me faisant mourir.

CHIMÈNE

Elle éclate bien mieux en te laissant la vie ;
Et je veux que la voix de la plus noire envie
Élève au ciel ma gloire et plaigne mes ennuis,
Sachant que je t'adore et que je te poursuis.

Va-t'en, ne montre plus à ma douleur extrême
Ce qu'il faut que je perde, encore que je l'aime.
Dans l'ombre de la nuit cache bien ton départ;
Si l'on te voit sortir, mon honneur court hasard.
La seule occasion qu'aura la médisance,
C'est de savoir qu'ici j'ai souffert ta présence :
Ne lui donne point lieu d'attaquer ma vertu.

D. RODRIGUE

Que je meure !...

CHIMÈNE

Va-t'en.

D. RODRIGUE

A quoi te résous-tu !

CHIMÈNE

Malgré des feux si beaux qui troublent ma colère,
Je ferai mon possible à bien venger mon père ;
Mais, malgré la rigueur d'un si cruel devoir,
Mon unique souhait est de ne rien pouvoir.

D. RODRIGUE

O miracle d'amour !

CHIMÈNE

O comble de misères !

D. RODRIGUE

Que de maux et de pleurs nous coûteront nos pères !

CHIMÈNE

Rodrigue, qui l'eût cru...

D. RODRIGUE

Chimène, qui l'eût dit...

CHIMÈNE

Que notre heur (1) fût si proche, et si tôt se perdît?

D. RODRIGUE

Et que si près du port, contre toute apparence,
Un orage si prompt brisât notre espérance?

CHIMÈNE

Ah! mortelles douleurs!

D. RODRIGUE

Ah! regrets superflus!

CHIMÈNE

Va-t'en, encore un coup, je ne t'écoute plus.

D. RODRIGUE

Adieu : je vais traîner une mourante vie,
Tant que (2) par ta poursuite elle me soit ravie.

CHIMÈNE

Si j'en obtiens l'effet, je t'engage ma foi
De ne respirer pas un moment après toi.
Adieu ; sors, et surtout garde bien qu'on te voie.

ELVIRE

Madame, quelques maux que le ciel nous envoie...

CHIMÈNE

Ne m'importune plus, laisse-moi soupirer.
Je cherche le silence et la nuit pour pleurer.

1. Notre bonheur.
2. Jusqu'à ce que.

SCÈNE V

D. DIÈGUE

Jamais nous ne goûtons de parfaite allégresse :
Nos plus heureux succès sont mêlés de tristesse ;
Toujours quelques soucis en ces événements
Troublent la pureté de nos contentements.
Au milieu du bonheur mon âme en sent l'atteinte ;
Je nage dans la joie et je tremble de crainte.
J'ai vu mort l'ennemi qui m'avait outragé ;
Et je ne saurais voir la main qui m'a vengé.
En vain je m'y travaille, et d'un soin inutile,
Tout cassé que je suis, je cours toute la ville :
Ce peu que mes vieux ans m'ont laissé de vigueur
Se consume sans fruit à chercher ce vainqueur.
A toute heure, en tous lieux, dans une nuit si sombre,
Je pense l'embrasser, et n'embrasse qu'une ombre,
Et mon amour, déçu par cet objet trompeur,
Se forme des soupçons qui redoublent ma peur.
Je ne découvre point de marques de sa fuite ;
Je crains du comte mort les amis et la suite ;
Leur nombre m'épouvante, et confond ma raison.
Rodrigue ne vit plus, ou respire en prison.
Justes cieux ! me trompé-je encore à l'apparence,
Ou si je vois enfin mon unique espérance !
C'est lui, n'en doutons plus ; mes vœux sont exaucés ;
Ma crainte est dissipée, et mes ennuis cessés.

SCÈNE VI

D. DIÈGUE, D. RODRIGUE

D. DIÈGUE

Rodrigue, enfin le ciel permet que je te voie !

D. RODRIGUE

Hélas !

D. DIÈGUE

Ne mêle point de soupirs à ma joie ;
Laisse-moi prendre haleine afin de te louer.
Ma valeur n'a point lieu de te désavouer ;
Tu l'as bien imitée, et ton illustre audace
Fait bien revivre en toi les héros de ma race :
C'est d'eux que tu descends, c'est de moi que tu viens :
Ton premier coup d'épée égale tous les miens :
Et d'une belle ardeur ta jeunesse animée
Par cette grande épreuve atteint ma renommée.
Appui de ma vieillesse, et comble de mon heur,
Touche ces cheveux blancs à qui tu rends l'honneur ;
Viens baiser cette joue, et reconnais la place
Où fut empreint l'affront que ton courage efface.

D. RODRIGUE

L'honneur vous en est dû, je ne pouvais pas moins,
Etant sorti de vous et nourri par vos soins.
Je m'en tiens trop heureux, et mon âme est ravie
Que mon coup d'essai plaise à qui je dois la vie ;
Mais parmi vos plaisirs ne soyez point jaloux
Si je m'ose à mon tour satisfaire après vous.
Souffrez qu'en liberté mon désespoir éclate ;
Assez et trop longtemps votre discours le flatte.
Je ne me repens point de vous avoir servi ;
Mais rendez-moi le bien que ce coup m'a ravi.
Mon bras, pour vous venger, armé contre ma flamme,
Par ce coup glorieux m'a privé de mon âme,
Ne me dites plus rien ; pour vous j'ai tout perdu ;
Ce que je vous devais, je vous l'ai bien rendu.

D. DIÈGUE

Porte, porte plus haut le fruit de ta victoire.
Je t'ai donné la vie, et tu me rends ma gloire ;

Et d'autant que l'honneur m'est plus cher que le jour,
D'autant plus maintenant je te dois de retour.
Mais d'un cœur magnanime éloigne ces faiblesses;
Nous n'avons qu'un honneur, il est tant de maîtresses!
L'amour n'est qu'un plaisir, l'honneur est un devoir.

D. RODRIGUE

Ah! que me dites-vous?

D. DIÈGUE

Ce que tu dois savoir.

D. RODRIGUE

Mon honneur offensé sur moi-même se venge;
Et vous m'osez pousser à la honte du change!
L'infamie est pareille, et suit également
Le guerrier sans courage, et le perfide amant.
A ma fidélité ne faites point d'injure;
Souffrez-moi généreux sans me rendre parjure;
Mes liens sont trop forts pour être ainsi rompus;
Ma foi m'engage encor si je n'espère plus;
Et, ne pouvant quitter ni posséder Chimène,
Le trépas que je cherche est ma plus douce peine.

D. DIÈGUE

Il n'est pas temps encor de chercher le trépas;
Ton prince et ton pays ont besoin de ton bras.
La flotte qu'on craignait, dans ce grand fleuve entrée,
Croit surprendre la ville et piller la contrée.
Les Maures vont descendre; et le flux et la nuit
Dans une heure à nos murs les amènent sans bruit.
La cour est en désordre, et le peuple en alarmes;
On n'entend que des cris, on ne voit que des larmes.
Dans ce malheur public mon bonheur a permis
Que j'ai trouvé chez moi cinq cents de mes amis,
Qui, sachant mon affront, poussés d'un même zèle,
Se venaient tous offrir à venger ma querelle.

Tu les as prévenus ; mais leurs vaillantes mains
Se tremperont bien mieux au sang des Africains.
Va marcher à leur tête, où l'honneur te demande ;
C'est toi que veut pour chef leur généreuse bande.
De ces vieux ennemis va soutenir l'abord :
Là, si tu veux mourir, trouve une belle mort ;
Prends-en l'occasion, puisqu'elle t'est offerte ;
Fais devoir à ton roi son salut à ta perte (1) ;
Mais reviens-en plutôt les palmes sur le front.
Ne borne pas ta gloire à venger un affront,
Porte-la plus avant ; force par ta vaillance
Ce monarque au pardon, et Chimène au silence ;
Si tu l'aimes, apprends que revenir vainqueur
C'est l'unique moyen de regagner son cœur.
Mais le temps est trop cher pour le perdre en paroles ;
Je t'arrête en discours, et je veux que tu voles.
Viens, suis-moi, va combattre, et montrer à ton roi
Que ce qu'il perd au comte (2) il le recouvre en toi.

ACTE QUATRIÈME

SCÈNE PREMIÈRE

CHIMÈNE, ELVIRE

CHIMÈNE

N'est-ce point un faux bruit ? le sais-tu bien, Elvire ?

ELVIRE

Vous ne croiriez jamais comme chacun l'admire,

(1) C'est-à-dire : Fais que ton roi doive son salut à ta perte.
(2) C'est-à-dire dans la personne du comte.

Et porte jusqu'au ciel, d'une commune voix,
De ce jeune héros les glorieux exploits.
Les Maures devant lui n'ont paru qu'à leur honte ;
Leur abord fut bien prompt, leur fuite encor plus
[prompte ;
Trois heures de combat laissent à nos guerriers
Une victoire entière et deux rois prisonniers.
La valeur de leur chef ne trouvait point d'obstacles.

CHIMÈNE

Et la main de Rodrigue a fait tous ces miracles ?

ELVIRE

De ses nobles efforts ces deux rois sont le prix ;
Sa main les a vaincus, et sa main les a pris.

CHIMÈNE

De qui peux-tu savoir ces nouvelles étranges ?

ELVIRE

Du peuple, qui partout fait sonner ses louanges,
Le nomme de sa joie et l'objet et l'auteur,
Son ange tutélaire et son libérateur.

CHIMÈNE

Et le roi, de quel œil voit-il tant de vaillance ?

ELVIRE

Rodrigue n'ose encor paraître en sa présence ;
Mais don Diègue ravi lui présente enchaînés,
Au nom de ce vainqueur, ces captifs couronnés,
Et demande pour grâce à ce généreux prince
Qu'il daigne voir la main qui sauve la province.

CHIMÈNE

Mais n'est-il point blessé ?

ELVIRE

Je n'en ai rien appris.
Vous changez de couleur! reprenez vos esprits.

CHIMÈNE

Reprenons donc aussi ma colère affaiblie :
Pour avoir soin de lui, faut-il que je m'oublie ?
On le vante, on le louè, et mon cœur y consent !
Mon honneur est muet, mon devoir impuissant !
Silence, mon amour, laisse agir ma colère ;
S'il a vaincu deux rois, il a tué mon père ;
Ces tristes vêtements, où je lis mon malheur,
Sont les premiers effets qu'ait produits sa valeur ;
Et, quoi qu'on die ailleurs d'un cœur si magnanime,
Ici tous les objets me parlent de son crime.
Vous qui rendez la force à mes ressentiments,
Voile, crêpes, habits, lugubres ornements,
Pompe que me prescrit (1) sa première victoire,
Contre ma passion soutenez bien ma gloire ;
Et, lorsque mon amour prendra trop de pouvoir,
Parlez à mon esprit de mon triste devoir,
Attaquez sans rien craindre une main triomphante.

ELVIRE

Modérez ces transports, voici venir l'infante.

SCÈNE II

L'INFANTE, CHIMÈNE, LÉONOR, ELVIRE

L'INFANTE

Je ne viens pas ici consoler tes douleurs ;
Je viens plutôt mêler mes soupirs à tes pleurs.

(1) Variante : où m'ensevelit.

CHIMÈNE

Prenez bien plutôt part à la commune joie,
Et goûtez le bonheur que le ciel vous envoie,
Madame : autre que moi n'a droit de soupirer.
Le péril dont Rodrigue a su nous retirer,
Et le salut public que vous rendent ses armes,
A moi seule aujourd'hui souffrent encor les larmes.
Il a sauvé la ville, il a servi son roi ;
Et son bras valeureux n'est funeste qu'à moi.

L'INFANTE

Ma Chimène, il est vrai qu'il a fait des merveilles.

CHIMÈNE

Déjà ce bruit fâcheux a frappé mes oreilles ;
Et je l'entends partout publier hautement
Aussi brave guerrier que malheureux amant.

L'INFANTE

Qu'a de fâcheux pour toi ce discours populaire ?
Ce jeune Mars qu'il loue a su jadis te plaire ;
Il possédait ton âme, il vivait sous tes lois ;
Et vanter sa valeur, c'est honorer ton choix.

CHIMÈNE

Chacun peut la vanter avec quelque justice,
Mais pour moi sa louange est un nouveau supplice.
On aigrit ma douleur en l'élevant si haut :
Je vois ce que je perds quand je vois ce qu'il vaut.
Ah ! cruels déplaisirs à l'esprit d'une amante !
Plus j'apprends son mérite, et plus mon feu s'augmente.
Cependant mon devoir est toujours le plus fort,
Et malgré mon amour va poursuivre sa mort.

L'INFANTE

Hier ce devoir te mit en une haute estime ;
L'effort que tu te fis parut si magnanime,

Si digne d'un grand cœur, que chacun à la cour
Admirait ton courage et plaignait ton amour.
Mais croirais-tu l'avis d'une amitié fidèle?

CHIMÈNE

Ne vous obéir pas me rendrait criminelle.

L'INFANTE

Ce qui fut juste alors ne l'est plus aujourd'hui.
Rodrigue maintenant est notre unique appui,
L'espérance et l'amour d'un peuple qui l'adore,
Le soutien de Castille, et la terreur du Maure.
Le roi même est d'accord de cette vérité,
Que ton père en lui seul se voit ressuscité ;
Et si tu veux enfin qu'en deux mots je m'explique,
Tu poursuis en sa mort la ruine publique.
Quoi! pour venger un père est-il jamais permis
De livrer sa patrie aux mains des ennemis?
Contre nous ta poursuite est-elle légitime?
Et pour être punis avons-nous part au crime ?
Ce n'est pas qu'après tout tu doives épouser
Celui qu'un père mort t'obligeait d'accuser :
Je te voudrais moi-même en arracher l'envie :
Ote-lui ton amour, mais laisse-nous sa vie.

CHIMÈNE

Ah! ce n'est pas à moi d'avoir tant de bonté ;
Le devoir qui m'aigrit n'a rien de limité.
Quoique pour ce vainqueur mon amour s'intéresse,
Quoiqu'un peuple l'adore et qu'un roi le caresse,
Qu'il soit environné des plus vaillants guerriers,
J'irai sous mes cyprès accabler ses lauriers.

L'INFANTE

C'est générosité quand, pour venger un père,
Notre devoir attaque une tête si chère ;

Mais c'en est une encor d'un plus illustre rang,
Quand on donne au public les intérêts du sang.
Non, crois-moi, c'est assez que d'éteindre ta flamme ;
Il sera trop puni s'il n'est plus dans ton âme.
Que le bien du pays t'impose cette loi :
Aussi bien que crois-tu que t'accorde le roi ?

CHIMÈNE

Il peut me refuser, mais je ne puis me taire.

L'INFANTE

Pense bien, ma Chimène, à ce que tu veux faire.
Adieu : tu pourras seule y penser à loisir.

CHIMÈNE

Après mon père mort, je n'ai point à choisir.

SCÈNE III

D. FERNAND, D. DIÈGUE, D. ARIAS, D. RODRIGUE,

D. SANCHE

D. FERNAND

Généreux héritier d'une illustre famille
Qui fut toujours la gloire et l'appui de Castille,
Race de tant d'aïeux en valeur signalés,
Que l'essai de la tienne a sitôt égalés,
Pour te récompenser ma force est trop petite ;
Et j'ai moins de pouvoir que tu n'as de mérite.
Le pays délivré d'un si rude ennemi,
Mon sceptre dans ma main par la tienne affermi,
Et les Maures défaits avant qu'en ces alarmes
J'eusse pu donner ordre à repousser leurs armes,

Ne sont point des exploits qui laissent à ton roi
Le moyen ni l'espoir de s'acquitter vers toi.
Mais deux rois tes captifs feront ta récompense :
Ils t'ont nommé tous deux leur Cid en ma présence,
Puisque Cid en leur langue est autant que seigneur,
Je ne t'envierai pas ce beau titre d'honneur.
Sois désormais le Cid ; qu'à ce grand nom tout cède ;
Qu'il comble d'épouvante et Grenade et Tolède,
Et qu'il marque à tous ceux qui vivent sous mes lois
Et ce que tu me vaux, et ce que je te dois.

D. RODRIGUE

Que votre majesté, sire, épargne ma honte.
D'un si faible service elle fait trop de compte,
Et me force à rougir devant un si grand roi
De mériter si peu l'honneur que j'en reçoi.
Je sais trop que je dois au bien de votre empire,
Et le sang qui m'anime, et l'air que je respire ;
Et, quand je les perdrai pour un si digne objet,
Je ferai seulement le devoir d'un sujet.

D. FERNAND

Tous ceux que ce devoir à mon service engage
Ne s'en acquittent pas avec même courage ;
Et lorsque la valeur ne va point dans l'excès (1),
Elle ne produit point de si rares succès.
Souffre donc qu'on te loue, et de cette victoire
Apprends-moi plus au long la véritable histoire.

D. RODRIGUE

Sire, vous avez su qu'en ce danger pressant,
Qui jeta dans la ville un effroi si puissant,
Une troupe d'amis chez mon père assemblée
Sollicita mon âme encor toute troublée...

(1) C'est-à-dire : n'est point poussée jusqu'à l'excès. Ce mot
ne s'emploierait plus.

Mais, sire, pardonnez à ma témérité,
Si j'osai l'employer sans votre autorité ;
Le péril approchait ; leur brigade était prête ;
Me montrant à la cour, je hasardais ma tête :
Et s'il fallait la perdre, il m'était bien plus doux
De sortir de la vie en combattant pour vous.

D. FERNAND

J'excuse ta chaleur à venger ton offense ;
Et l'État défendu me parle en ta défense :
Crois que dorénavant Chimène a beau parler,
Je ne l'écoute plus que pour la consoler.
Mais poursuis.

D. RODRIGUE

      Sous moi donc cette troupe s'avance,
Et porte sur le front une mâle assurance.
Nous partîmes cinq cents ; mais, par un prompt renfort,
Nous nous vîmes trois mille en arrivant au port,
Tant, à nous voir marcher avec un tel visage,
Les plus épouvantés reprenaient de courage !
J'en cache les deux tiers, aussitôt qu'arrivés,
Dans le fond des vaisseaux qui lors furent trouvés :
Le reste, dont le nombre augmentait à toute heure,
Brûlant d'impatience, autour de moi demeure,
Se couche contre terre, et, sans faire aucun bruit,
Passe une bonne part d'une si belle nuit.
Par mon commandement la garde en fait de même,
Et, se tenant cachée, aide à mon stratagème ;
Et je feins hardiment d'avoir reçu de vous
L'ordre qu'on me voit suivre et que je donne à tous.
Cette obscure clarté qui tombe des étoiles
Enfin avec le flux nous fait voir trente voiles ;
L'onde s'enfle dessous, et d'un commun effort
Les Maures et la mer montent jusques au port.
On les laisse passer ; tout leur paraît tranquille ;
Point de soldats au port, point aux murs de la ville.

Notre profond silence abusant leurs esprits,
Ils n'osent plus douter de nous avoir surpris ;
Ils abordent sans peur, ils ancrent, ils descendent,
Et courent se livrer aux mains qui les attendent.
Nous nous levons alors, et tous en même temps
Poussons jusques au ciel mille cris-éclatants ;
Les nôtres, à ces cris, de nos vaisseaux répondent,
Ils paraissent armés, les Maures se confondent,
L'épouvante les prend à demi descendus ;
Avant que de combattre ils s'estiment perdus.
Ils couraient au pillage, et rencontrent la guerre ;
Nous les pressons sur l'eau, nous les pressons sur terre,
Et nous faisons courir des ruisseaux de leur sang,
Avant qu'aucun résiste ou reprenne son rang.
Mais bientôt, malgré nous, leurs princes les rallient,
Leur courage renaît, et leurs terreurs s'oublient :
La honte de mourir sans avoir combattu
Arrête leur désordre, et leur rend leur vertu.
Contre nous de pied ferme ils tirent leurs alfanges (1),
De notre sang au leur font d'horribles mélanges ;
Et la terre, et le fleuve, et leur flotte, et le port,
Sont des champs de carnage où triomphe la mort.
Oh ! combien d'actions, combien d'exploits célèbres
Sont demeurés sans gloire au milieu des ténèbres
Où chacun, seul témoin des grands coups qu'il donnait,
Ne pouvait discerner où le sort inclinait !
J'allais de tous côtés encourager les nôtres,
Faire avancer les uns, et soutenir les autres,
Ranger ceux qui venaient, les pousser à leur tour ;
Et ne l'ai pu savoir jusques au point du jour.
Mais enfin sa clarté montre notre avantage ;
Le Maure voit sa perte, et perd soudain courage ;
Et, voyant un renfort qui nous vient secourir,
L'ardeur de vaincre cède à la peur de mourir.

(1) *Alfange* est un mot espagnol qui signifie *sabre, cimeterre, coutelas.* L'épée était alors inconnue aux Maures.

Ils gagnent leurs vaisseaux, ils en coupent les câbles,
Poussent jusques aux cieux des cris épouvantables,
Font retraite en tumulte, et sans considérer
Si leurs rois avec eux peuvent se retirer.
Pour souffrir ce devoir, leur frayeur est trop forte ;
Le flux les apporta, le reflux les remporte ;
Cependant que leurs rois, engagés parmi nous,
Et quelque peu des leurs, tous percés de nos coups,
Disputent vaillamment et vendent bien leur vie.
A se rendre moi-même en vain je les convie ;
Le cimeterre au poing ils ne m'écoutent pas :
Mais voyant à leurs pieds tomber tous leurs soldats,
Et que seuls désormais en vain ils se défendent,
Ils demandent le chef ; je me nomme, ils se rendent.
Je vous les envoyai tous deux en même temps ;
Et le combat cessa faute de combattants.
C'est de cette façon que, pour votre service...

SCÈNE IV

D. FERNAND, D. DIÈGUE, D. RODRIGUE, D. ARIAS,

D. ALONSE, D. SANCHE

D. ALONSE

Sire, Chimène vient vous demander justice.

D. FERNAND

La fâcheuse nouvelle, et l'importun devoir (1) !
Va, je ne la veux pas obliger à te voir.
Pour tous remercîments il faut que je te chasse :
Mais, avant que sortir, viens, que ton roi t'embrasse.
                                    (D. Rodrigue rentre.)

(1) On peut trouver que Chimène va au delà de son devoir
en demandant la mort d'un homme devenu si nécessaire à l'État
et contre lequel aucune poursuite ne saurait plus être exercée.

D. DIÈGUE

Chimène le poursuit, et voudrait le sauver.

D. FERNAND

On m'a dit qu'elle l'aime, et je vais l'éprouver.
Montrez un œil plus triste.

SCÈNE V

D. FERNAND, D. DIÈGUE, D. ARIAS, D. SANCHE,

D. ALONSE, CHIMÈNE, ELVIRE

D. FERNAND

     Enfin soyez contente,
Chimène, le succès répond à votre attente,
Si de nos ennemis Rodrigue a le dessus,
Il est mort à nos yeux des coups qu'il a reçus;
Rendez grâces au ciel, qui vous en a vengée.
  (A D. Diègue.)
Voyez comme déjà sa couleur est changée.

D. DIÈGUE

Mais voyez qu'elle pâme, et d'un amour parfait,
Dans cette pâmoison, sire, admirez l'effet.
Sa douleur a trahi les secrets de son âme,
Et ne vous permet plus de douter de sa flamme.

CHIMÈNE

Quoi! Rodrigue est donc mort?

D. FERNAND

     Non, non, il voit le jour
Et te conserve encore un immuable amour :
Calme cette douleur qui pour lui s'intéresse.

CHIMÈNE

Sire, on pâme de joie, ainsi que de tristesse (1) :
Un excès de plaisir nous rend tout languissants ;
Et quand il surprend l'âme, il accable les sens.

D. FERNAND

Tu veux qu'en ta faveur nous croyions l'impossible ?
Chimène, ta douleur a paru trop visible.

CHIMÈNE

Eh bien, sire, ajoutez ce comble à mon malheur,
Nommez ma pâmoison l'effet de ma douleur :
Un juste déplaisir à ce point m'a réduite ;
Son trépas dérobait sa tête à ma poursuite ;
S'il meurt des coups reçus pour le bien du pays,
Ma vengeance est perdue et mes desseins trahis :
Une si belle fin m'est trop injurieuse.
Je demande sa mort, mais non pas glorieuse,
Non pas dans un éclat qui l'élève si haut,
Non pas au lit d'honneur, mais sur un échafaud ;
Qu'il meure pour mon père, et non pour la patrie ;
Que son nom soit taché, sa mémoire flétrie.
Mourir pour le pays n'est pas un triste sort,
C'est s'immortaliser par une belle mort.
J'aime donc sa victoire, et je le puis sans crime ;
Elle assure l'État, et me rend ma victime,
Mais noble, mais fameuse entre tous les guerriers,
Le chef, au lieu de fleurs, couronné de lauriers ;
Et, pour dire en un mot ce que j'en considère,
Digne d'être immolée aux mânes de mon père...
Hélas ! à quel espoir me laissé-je emporter !
Rodrigue de ma part n'a rien à redouter ;

---

(1) Voltaire prétend qu'on ne dit point *pâmer*, mais se pâmer.
C'est une erreur. *Pâmes*, au neutre, était parfaitement usité
du temps de Corneille et l'est encore.

Que pourraient contre lui des larmes qu'on méprise ?
Pour lui tout votre empire est un lieu de franchise ;
Là, sous votre pouvoir, tout lui devient permis ;
Il triomphe de moi comme des ennemis.
Dans leur sang répandu la justice étouffée
Au crime du vainqueur sert d'un nouveau trophée ;
Nous en croissons la pompe, et le mépris des lois
Nous fait suivre son char au milieu de deux rois.

D. FERNAND

Ma fille, ces transports ont trop de violence.
Quand on rend la justice on met tout en balance.
On a tué ton père, il était l'agresseur ;
Et la même équité m'ordonne la douceur.
Avant que d'accuser ce que j'en fais paraître,
Consulte bien ton cœur ; Rodrigue en est le maître :
Et ta flamme en secret rend grâces à ton roi,
Dont la faveur conserve un tel amant pour toi.

CHIMÈNE

Pour moi ! mon ennemi ! l'objet de ma colère !
L'auteur de mes malheurs ! l'assassin de mon père !
De ma juste poursuite on fait si peu de cas
Qu'on me croit obliger en ne m'écoutant pas !
Puisque vous refusez la justice à mes larmes,
Sire, permettez-moi de recourir aux armes ;
C'est par là seulement qu'il a su m'outrager,
Et c'est aussi par là que je me dois venger.
A tous vos cavaliers je demande sa tête ;
Oui, qu'un d'eux me l'apporte, et je suis sa conquête.
Qu'ils le combattent, sire ; et, le combat fini,
J'épouse le vainqueur, si Rodrigue est puni.
Sous votre autorité souffrez qu'on le publie.

D. FERNAND

Cette vieille coutume en ces lieux établie,

Sous couleur de punir un injuste attentat,
Des meilleurs combattants affaiblit un État ;
Souvent de cet abus le succès déplorable
Opprime l'innocent, et soutient le coupable.
J'en dispense Rodrigue ; il m'est trop précieux
Pour l'exposer aux coups d'un sort capricieux ;
Et, quoi qu'ait pu commettre un cœur si magnanime,
Les Maures en fuyant ont emporté son crime.

D. DIÈGUE

Quoi ! sire, pour lui seul vous renversez des lois
Qu'a vu toute la cour observer tant de fois !
Que croira votre peuple, et que dira l'envie,
Si sous votre défense il ménage sa vie,
Et s'en fait un prétexte à ne paraître pas
Où tous les gens d'honneur cherchent un beau trépas ?
De pareilles faveurs terniraient trop sa gloire :
Qu'il goûte sans rougir les fruits de sa victoire.
Le comte eut de l'audace, il l'en a su punir :
Il l'a fait en brave homme, et le doit maintenir.

D. FERNAND

Puisque vous le voulez, j'accorde qu'il le fasse :
Mais d'un guerrier vaincu mille prendraient la place ;
Et le prix que Chimène au vainqueur a promis
De tous mes cavaliers ferait ses ennemis :
L'opposer seul à tous serait trop d'injustice ;
Il suffit qu'une fois il entre dans la lice.
Choisis qui tu voudras, Chimène, et choisis bien ;
Mais après ce combat ne demande plus rien.

D. DIÈGUE

N'excusez point par là ceux que son bras étonne ;
Laissez un champ ouvert où n'entrera personne.
Après ce que Rodrigue a fait voir aujourd'hui,
Quel courage assez vain s'oserait prendre à lui ?

Qui se hasarderait contre un tel adversaire?
Qui serait ce vaillant, ou bien ce téméraire?

D. SANCHE

Faites ouvrir le champ : vous voyez l'assaillant;
Je suis ce téméraire, ou plutôt ce vaillant.
Accordez cette grâce à l'ardeur qui me presse,
Madame, vous savez quelle est votre promesse.

D. FERNAND

Chimène, remets-tu ta querelle en sa main?

CHIMÈNE

Sire, je l'ai promis.

D. FERNAND

Soyez prêt à demain.

D. DIÈGUE

Non, sire, il ne faut pas différer davantage :
On est toujours trop prêt quand on a du courage.

D. FERNAND

Sortir d'une bataille, et combattre à l'instant!

D. DIÈGUE

Rodrigue a pris haleine en vous la racontant.

D. FERNAND

Du moins une heure ou deux je veux qu'il se délasse;
Mais, de peur qu'en exemple un tel combat ne passe,
Pour témoigner à tous qu'à regret je permets
Un sanglant procédé qui ne me plut jamais,
De moi ni de ma cour il n'aura la présence (1).

(1) Ce tour est très-adroit; il donne lieu à la scène dans
laquelle don Sanche apporte son épée à Chimène. (V.)

(A. D. Arias.)
Vous seul des combattants jugerez la vaillance.
Ayez soin que tous deux fassent en gens de cœur,
Et, le combat fini, m'amenez le vainqueur.
Qui qu'il soit, même prix est acquis à sa peine;
Je le veux de ma main présenter à Chimène,
Et que pour récompense il reçoive sa foi.

CHIMÈNE

Quoi! sire, m'imposer une si dure loi!

D. FERNAND

Tu t'en plains; mais ton feu, loin d'avouer ta plainte,
Si Rodrigue est vainqueur, l'accepte sans contrainte.
Cesse de murmurer contre un arrêt si doux;
Qui que ce soit des deux, j'en ferai ton époux.

ACTE CINQUIÈME

SCÈNE PREMIÈRE

D. RODRIGUE, CHIMÈNE

CHIMÈNE

Quoi! Rodrigue, en plein jour! d'où te vient cette
⌈audace?
Va, tu me perds d'honneur; retire-toi, de grâce.

D. RODRIGUE

Je vais mourir, madame, et vous viens en ce lieu,
Avant le coup mortel, dire un dernier adieu:
Cet immuable amour qui sous vos lois m'engage
N'ose accepter ma mort sans vous en faire hommage.

CHIMÈNE

Tu vas mourir !

D. RODRIGUE

Je cours à ces heureux moments
Qui vont livrer ma vie à vos ressentiments.

CHIMÈNE

Tu vas mourir ! Don Sanche est-il si redoutable
Qu'il donne l'épouvante à ce cœur indomptable ?
Qui t'a rendu si faible ? ou qui le rend si fort ?
Rodrigue va combattre, et se croit déjà mort.
Celui qui n'a pas craint les Maures, ni mon père,
Va combattre don Sanche, et déjà désespère !
Ainsi donc au besoin ton courage s'abat !

D. RODRIGUE

Je cours à mon supplice, et non pas au combat ;
Et ma fidèle ardeur sait bien m'ôter l'envie,
Quand vous cherchez ma mort, de défendre ma vie.
J'ai toujours même cœur ; mais je n'ai point de bras
Quand il faut conserver ce qui ne vous plaît pas ;
Et déjà cette nuit m'aurait été mortelle,
Si j'eusse combattu pour ma seule querelle ;
Mais défendant mon roi, son peuple, et mon pays,
A me défendre mal je les aurais trahis.
Mon esprit généreux ne hait pas tant la vie,
Qu'il en veuille sortir par une perfidie :
Maintenant qu'il s'agit de mon seul intérêt,
Vous demandez ma mort, j'en accepte l'arrêt.
Votre ressentiment choisit la main d'un autre ;
Je ne méritais pas de mourir de la vôtre.
On ne me verra point en repousser les coups ;
Je dois plus de respect à qui combat pour vous ;
Et, ravi de penser que c'est de vous qu'ils viennent,
Puisque c'est votre honneur que ses armes soutiennent,

Je lui vais présenter mon estomac ouvert,
Adorant en sa main la vôtre qui me perd.

CHIMÈNE

Si d'un triste devoir la juste violence,
Qui me fait malgré moi poursuivre ta vaillance,
Prescrit à ton amour une si forte loi
Qu'il te rend sans défense à qui combat pour moi,
En cet aveuglement ne perds pas la mémoire
Qu'ainsi que de ta vie il y va de ta gloire,
Et que, dans quelque éclat que Rodrigue ait vécu,
Quand on le saura mort, on le croira vaincu.
Ton honneur t'est plus cher que je ne te suis chère,
Puisqu'il trempe tes mains dans le sang de mon père,
Et te fait renoncer, malgré ta passion,
A l'espoir le plus doux de ma possession :
Je t'en vois cependant faire si peu de compte,
Que sans rendre combat tu veux qu'on te surmonte.
Quelle inégalité ravale ta vertu ?
Pourquoi ne l'as-tu plus ? ou pourquoi l'avais-tu ?
Quoi ! n'es-tu généreux que pour me faire outrage ?
S'il ne faut m'offenser, n'as-tu point de courage ?
Et traites-tu mon père avec tant de rigueur,
Qu'après l'avoir vaincu tu souffres un vainqueur ?
Va, sans vouloir mourir, laisse-moi te poursuivre ;
Et défends ton honneur, si tu ne veux plus vivre (1).

D. RODRIGUE

Après la mort du comte, et les Maures défaits,
Faudrait-il à ma gloire encor d'autres effets ?
Elle peut dédaigner le soin de me défendre ;
On sait que mon courage ose tout entreprendre,

(1) Ce vers est également adroit et passionné ; il est plein d'art, mais de cet art que la nature inspire. Il me paraît admirable ; mais le discours de Chimène est un peu trop long. (V.)

Que ma valeur peut tout, et que dessous les cieux,
Auprès de mon honneur, rien ne m'est précieux.
Non, non, en ce combat, quoi que vous veuillez croire,
Rodrigue peut mourir sans hasarder sa gloire,
Sans qu'on l'ose accuser d'avoir manqué de cœur,
Sans passer pour vaincu, sans souffrir un vainqueur.
On dira seulement : « Il adorait Chimène;
« Il n'a pas voulu vivre et mériter sa haine ;
« Il a cédé lui-même à la rigueur du sort
« Qui forçait sa maîtresse à poursuivre sa mort:
« Elle voulait sa tête; et son cœur magnanime,
« S'il l'en eût refusée, eût pensé faire un crime.
« Pour venger son honneur il perdit son amour,
« Pour venger sa maîtresse il a quitté le jour,
« Préférant (quelque espoir qu'eût son âme asservie)
« Son honneur à Chimène, et Chimène à sa vie. »
Ainsi donc vous verrez ma mort en ce combat,
Loin d'obscurcir ma gloire, en rehausser l'éclat ;
Et cet honneur suivra mon trépas volontaire,
Que tout autre que moi n'eût pu vous satisfaire.

CHIMÈNE

Puisque, pour t'empêcher de courir au trépas,
Ta vie et ton honneur sont de faibles appas,
Si jamais je t'aimai, cher Rodrigue, en revanche,
Défends-toi maintenant pour m'ôter à don Sanche ;
Combats pour m'affranchir d'une condition
Qui me donne à l'objet de mon aversion.
Te dirai-je encor plus? va, songe à ta défense,
Pour forcer mon devoir, pour m'imposer silence ;
Et, si tu sens pour moi ton cœur encore épris,
Sors vainqueur d'un combat dont Chimène est le
                                        prix (1).
Adieu : ce mot lâché me fait rougir de honte.

(1) Sors vainqueur d'un combat dont Chimène est le prix,
est repris par Scudéri. C'est peut-être le plus beau vers de la

D. RODRIGUE, seul.

Est-il quelque ennemi qu'à présent je ne dompte ?
Paraissez, Navarrois, Maures et Castillans,
Et tout ce que l'Espagne a nourri de vaillants ;
Unissez-vous ensemble, et faites une armée,
Pour combattre une main de la sorte animée :
Joignez tous vos efforts contre un espoir si doux ;
Pour en venir à bout, c'est trop peu que de vous.

SCÈNE II

L'INFANTE

T'écouterai-je encor, respect de ma naissance,
    Qui fais un crime de mes feux ?
T'écouterai-je amour, dont la douce puissance
Contre ce fier tyran fait révolter mes vœux ?
    Pauvre princesse ! auquel des deux
    Dois-tu prêter obéissance ?
Rodrigue, ta valeur te rend digne de moi,
Mais, pour être vaillant, tu n'es pas fils de roi.

Impitoyable sort, dont la rigueur sépare
    Ma gloire d'avec mes désirs,
Est-il dit que le choix d'une vertu si rare
Coûte à ma passion de si grands déplaisirs ?
    O cieux ! à combien de soupirs
    Faut-il que mon cœur se prépare,
Si jamais il n'obtient sur un si long tourment
Ni d'éteindre l'amour, ni d'accepter l'amant !

pièce, et il obtient grâce pour tous les sentiments un peu hors
de la nature qu'on trouve dans cette scène, traitée d'ailleurs
avec une grande supériorité de génie.

    Comment, après ce beau vers, peut-on ramener encore sur
la scène notre pitoyable infante ? (V.)

Mais c'est trop de scrupule, et ma raison s'étonne
        Du mépris d'un si digne choix :
Bien qu'aux monarques seuls ma naissance me donne,
Rodrigue, avec honneur je vivrai sous tes lois.
        Après avoir vaincu deux rois,
        Pourrais-tu manquer de couronne ?
Et ce grand nom de Cid que tu viens de gagner
Ne fait-il pas trop voir sur qui tu dois régner ?

Il est digne de moi, mais il est à Chimène ;
        Le don que j'en ai fait me nuit.
Entre eux la mort d'un père a si peu mis de haine,
Que le devoir du sang à regret le poursuit :
        Ainsi n'espérons aucun fruit
        De son crime, ni de ma peine,
Puisque pour me punir le destin a permis
Que l'amour dure même entre deux ennemis.

SCÈNE III

L'INFANTE, LÉONOR

L'INFANTE

Où viens-tu, Léonor ?

LÉONOR

        Vous applaudir, madame,
Sur le repos qu'enfin a retrouvé votre âme.

L'INFANTE

D'où viendrait ce repos dans un comble d'ennui ?

LÉONOR

Si l'amour vit d'espoir, et s'il meurt avec lui,
Rodrigue ne peut plus charmer votre courage.
Vous savez le combat où Chimène l'engage ;

Puisqu'il faut qu'il y meure, ou qu'il soit son mari,
Votre espérance est morte, et votre esprit guéri.

L'INFANTE

Ah! qu'il s'en faut encor!

LÉONOR·

                              Que pouvez-vous prétendre ?

L'INFANTE

Mais plutôt quel espoir me pourrais-tu défendre ?
Si Rodrigue combat sous ces conditions,
Pour en rompre l'effet j'ai trop d'inventions.
L'Amour, ce doux auteur de mes cruels supplices,
Aux esprits des amants apprend trop d'artifices.

LÉONOR

Pourrez-vous quelque chose, après qu'un père mort
N'a pu, dans leurs esprits, allumer de discord ?
Car Chimène aisément montre, par sa conduite,
Que la haine aujourd'hui ne fait pas sa poursuite.
Elle obtient un combat, et pour son combattant
C'est le premier offert qu'elle accepte à l'instant :
Elle n'a point recours à ces mains généreuses
Que tant d'exploits fameux rendent si glorieuses ;
Don Sanche lui suffit, et mérite son choix,
Parce qu'il va s'armer pour la première fois ;
Elle aime en ce duel son peu d'expérience ;
Comme il est sans renom, elle est sans défiance :
Et sa facilité vous doit bien faire voir
Qu'elle cherche un combat qui force son devoir,
Qui livre à son Rodrigue une victoire aisée,
Et l'autorise enfin à paraître apaisée.

L'INFANTE

Je le remarque assez, et toutefois mon cœur
A l'envi de Chimène adore ce vainqueur.
A quoi me résoudrai-je, amante infortunée?

LÉONOR

A vous mieux souvenir de qui vous êtes née.
Le ciel vous doit un roi, vous aimez un sujet!

L'INFANTE

Mon inclination a bien changé d'objet.
Je n'aime plus Rodrigue, un simple gentilhomme;
Non, ce n'est plus ainsi que mon amour le nomme :
Si j'aime, c'est l'auteur de tant de beaux exploits,
C'est le valeureux Cid, le maître de deux rois.
Je me vaincrai pourtant, non de peur d'aucun blâme,
Mais pour ne troubler pas une si belle flamme;
Et, quand pour m'obliger on l'aurait couronné,
Je ne veux point reprendre un bien que j'ai donné.
Puisqu'en un tel combat sa victoire est certaine,
Allons encore un coup le donner à Chimène.
Et toi, qui vois les traits dont mon cœur est percé,
Viens me voir achever comme j'ai commencé.

SCÈNE IV

CHIMÈNE, ELVIRE

CHIMÈNE

Elvire, que je souffre! et que je suis à plaindre!
Je ne sais qu'espérer, et je vois tout à craindre;
Aucun vœu ne m'échappe où j'ose consentir;
Je ne souhaite rien sans un prompt repentir.
A deux rivaux pour moi je fais prendre les armes :
Le plus heureux succès me coûtera des larmes;
Et, quoi qu'en ma faveur en ordonne le sort,
Mon père est sans vengeance, ou mon amant est mort.

ELVIRE

D'un et d'autre côté je vous vois soulagée (1) ;
Ou vous avez Rodrigue, ou vous êtes vengée ;
Et, quoi que le destin puisse ordonner de vous,
Il soutient votre gloire, et vous donne un époux.

CHIMÈNE

Quoi ! l'objet de ma haine, ou de tant de colère !
L'assassin de Rodrigue, ou celui de mon père !
De tous les deux côtés on me donne un mari
Encor tout teint du sang que j'ai le plus chéri.
De tous les deux côtés mon âme se rebelle :
Je crains plus que la mort la fin de ma querelle.
Allez, vengeance, amour, qui troublez mes esprits,
Vous n'avez point pour moi de douceurs à ce prix :
Et toi, puissant moteur du destin qui m'outrage,
Termine ce combat sans aucun avantage,
Sans faire aucun des deux ni vaincu ni vainqueur.

ELVIRE

Ce serait vous traiter avec trop de rigueur.
Ce combat pour votre âme est un nouveau supplice,
S'il vous laisse obligée à demander justice,
A témoigner toujours ce haut ressentiment,
Et poursuivre toujours la mort de votre amant.
Madame, il vaut bien mieux que sa rare vaillance,
Lui couronnant le front, vous impose silence ;
Que la loi du combat étouffe vos soupirs,
Et que le roi vous force à suivre vos désirs.

(1) Les raisonnements d'Elvire contribuent un peu à refroidir
cette scène ; mais aussi ils contribuent beaucoup à laver Chimène de l'affront que les critiques injustes lui ont fait de se
conduire en fille dénaturée : car le spectateur est du parti
d'Elvire contre Chimène ; il trouve, comme Elvire, que Chimène en a fait assez, et qu'elle doit s'en remettre à l'événement
du combat. (V.)

CHIMÈNE

Quand il sera vainqueur, crois-tu que je me rende?
Mon devoir est trop fort, et ma perte trop grande;
Et ce n'est pas assez, pour leur faire la loi,
Que celle du combat et le vouloir du roi.
Il peut vaincre don Sanche avec fort peu de peine,
Mais non pas avec lui la gloire de Chimène;
Et, quoi qu'à sa victoire un monarque ait promis,
Mon honneur lui fera mille autres ennemis.

ELVIRE

Gardez (1), pour vous punir de cet orgueil étrange,
Que le ciel à la fin ne souffre qu'on vous venge.
Quoi! vous voulez encor refuser le bonheur
De pouvoir maintenant vous taire avec honneur?
Que prétend ce devoir, et qu'est-ce qu'il espère?
La mort de votre amant vous rendra-t-elle un père?
Est-ce trop peu pour vous que d'un coup de malheur?
Faut-il perte sur perte, et douleur sur douleur?
Allez, dans le caprice où votre humeur s'obstine,
Vous ne méritez pas l'amant qu'on vous destine;
Et nous verrons du ciel l'équitable courroux
Vous laisser, par sa mort, don Sanche pour époux.

. CHIMÈNE

Elvire, c'est assez des peines que j'endure :
Ne les redouble point de ce funeste augure.
Je veux, si je le puis, les éviter tous deux;
Sinon, en ce combat Rodrigue a tous mes vœux :
Non qu'une folle ardeur de son côté me penche;
Mais, s'il était vaincu, je serais à don Sanche.
Cette appréhension fait naître mon souhait...
Que vois-je? malheureuse! Elvire, c'en est fait.

(1) Prenez garde.

SCÈNE V

D. SANCHE, CHIMÈNE, ELVIRE

D. SANCHE

Obligé d'apporter à vos pieds cette épée...

CHIMÈNE

Quoi! du sang de Rodrigue encor toute trempée?
Perfide, oses-tu bien te montrer à mes yeux,
Après m'avoir ôté ce que j'aimais le mieux?
Éclate, mon amour; tu n'as plus rien à craindre;
Mon père est satisfait, cesse de te contraindre;
Un même coup a mis ma gloire en sûreté,
Mon âme au désespoir, ma flamme en liberté.

D. SANCHE

D'un esprit plus rassis...

CHIMÈNE

Tu me parles eucore,
Exécrable assassin d'un héros que j'adore!
Va, tu l'as pris en traître; un guerrier si vaillant
N'eût jamais succombé sous un tel assaillant.
N'espère rien de moi, tu ne m'as point servie;
En croyant me venger, tu m'as ôté la vie.

D. SANCHE

Étrange impression, qui, loin de m'écouter...

CHIMÈNE

Veux-tu que de sa mort je t'écoute vanter,

Que j'entende à loisir avec quelle insolence
Tu peindras son malheur, mon crime, et ta vaillance?

SCÈNE VI

D. FERNAND, D. DIÈGUE, D. ARIAS, D. SANCHE,

D. ALONSE, CHIMÈNE, ELVIRE.

CHIMÈNE

Sire, il n'est plus besoin de vous dissimuler
Ce que tous mes efforts ne vous ont pu celer.
J'aimais, vous l'avez su; mais, pour venger mon père,
J'ai bien voulu proscrire une tête si chère :
Votre majesté, sire, elle-même a pu voir
Comme j'ai fait céder mon amour au devoir.
Enfin Rodrigue est mort, et sa mort m'a changée
D'implacable ennemie en amante affligée.
J'ai dû cette vengeance à qui m'a mise au jour,
Et je dois maintenant ces pleurs à mon amour.
Don Sanche m'a perdue en prenant ma défense ;
Et du bras qui me perd je suis la récompense !
Sire, si la pitié peut émouvoir un roi,
De grâce, révoquez une si dure loi ;
Pour prix d'une victoire où je perds ce que j'aime,
Je lui laisse mon bien ; qu'il me laisse à moi-même ;
Qu'en un cloître sacré je pleure incessamment,
Jusqu'au dernier soupir, mon père et mon amant.

D. DIÈGUE

Enfin elle aime, sire, et ne croit plus un crime
D'avouer par sa bouche un amour légitime.

D. FERNAND

Chimène, sors d'erreur, ton amant n'est pas mort ;
Et don Sanche vaincu t'a fait un faux rapport.

6

D. SANCHE

Sire, un peu trop d'ardeur malgré moi l'a déçue :
Je venais du combat lui raconter l'issue.
Ce généreux guerrier, dont son cœur est charmé,
« Ne crains rien (m'a-t-il dit, quand il m'a désarmé) :
« Je laisserais plutôt la victoire incertaine,
« Que de répandre un sang hasardé pour Chimène ;
« Mais puisque mon devoir m'appelle auprès du roi, ·
« Va de notre combat l'entretenir pour moi,
« De la part du vainqueur lui porter ton épée. »
Sire, j'y suis venu : cet objet l'a trompée ;
Elle m'a cru vainqueur, me voyant de retour ;
Et soudain sa colère a trahi son amour
Avec tant de transport et tant d'impatience,
Que je n'ai pu gagner un moment d'audience.
Pour moi, bien que vaincu, je me répute heureux ;
Et, malgré l'intérêt de mon cœur amoureux,
Perdant infiniment, j'aime encor ma défaite,
Qui fait le beau succès d'une amour si parfaite.

D. FERNAND.

Ma fille, il ne faut point rougir d'un si beau feu,
Ni chercher les moyens d'en faire un désaveu :
Une louable honte en vain t'en sollicite ;
Ta gloire est dégagée, et ton devoir est quitte ;
Ton père est satisfait, et c'était le venger
Que mettre tant de fois ton Rodrigue en danger.
Tu vois comme le ciel autrement en dispose.
Ayant tant fait pour lui, fais pour toi quelque chose,
Et ne sois point rebelle à mon commandement,
Qui te donne un époux aimé si chèrement.

SCÈNE VII

D. FERNAND, D. DIÈGUE, D. ARIAS, D. RODRIGUE,

D. ALONSE, D. SANCHE, L'INFANTE, CHIMÈNE,

LÉONOR, ELVIRE.

L'INFANTE

Sèche tes pleurs, Chimène, et reçois sans tristesse
Ce généreux vainqueur des mains de ta princesse.

D. RODRIGUE

Ne vous offensez point, sire, si devant vous
Un respect amoureux me jette à ses genoux.
Je ne viens point ici demander ma conquête;
Je viens tout de nouveau vous apporter ma tête,
Madame; mon amour n'emploiera point pour moi
Ni la loi du combat, ni le vouloir du roi.
Si tout ce qui s'est fait est trop peu pour un père,
Dites par quels moyens il vous faut satisfaire.
Faut-il combattre encor mille et mille rivaux,
Aux deux bouts de la terre étendre mes travaux,
Forcer moi seul un camp, mettre en fuite une armée,
Des héros fabuleux passer la renommée?
Si mon crime par là se peut enfin laver,
J'ose tout entreprendre, et puis tout achever :
Mais si ce fier honneur, toujours inexorable,
Ne se peut apaiser sans la mort du coupable,
N'armez plus contre moi le pouvoir des humains;
Ma tête est à vos pieds, vengez-vous par vos mains;
Vos mains seules ont droit de vaincre un invincible;
Prenez une vengeance à tout autre impossible;
Mais du moins que ma mort suffise à me punir.
Ne me bannissez point de votre souvenir;

Et, puisque mon trépas conserve votre gloire,
Pour vous en revancher conservez ma mémoire (1),
Et dites quelquefois, en déplorant mon sort :
« S'il ne m'avait aimée, il ne serait pas mort. »

CHIMÈNE

Relève-toi, Rodrigue. Il faut l'avouer, sire,
Je vous en ai trop dit pour m'en pouvoir dédire.
Rodrigue a des vertus que je ne puis haïr ;
Et quand un roi commande, on lui doit obéir.
Mais, à quoi que déjà vous m'ayez condamnée,
Pourrez-vous à vos yeux souffrir cet hyménée ?
Et quand de mon devoir vous voulez cet effort,
Toute votre justice en est-elle d'accord ?
Si Rodrigue à l'état devient si nécessaire,
De ce qu'il fait pour vous dois-je être le salaire,
Et me livrer moi-même au reproche éternel
D'avoir trempé mes mains dans le sang paternel (2)?

(1) *Se revancher*, terme vieilli, a ici le sens de rendre la
pareille en bien. Rodrigue veut dire : Pour m'en récompenser,
conservez ma mémoire.

(2) Il semble que ces derniers beaux vers que dit Chimène
la justifient entièrement. Elle n'épouse point le Cid ; elle fait
même des remontrances au roi. J'avoue que je ne conçois pas
comment on a pu l'accuser d'indécence, au lieu de la plaindre
et de l'admirer. Elle dit, à la vérité, au roi : *C'est à moi
d'obéir* : mais elle ne dit point : *J'obéirai*. Le spectateur sent
bien pourtant qu'elle obéira ; et c'est en cela, ce me semble,
que consiste la beauté du dénoûment.

La réponse du roi et les derniers vers qu'il prononce achè-
vent de justifier Corneille. Comment pouvait-on dire que
Chimène était une fille dénaturée, quand le roi lui-même n'espère rien pour Rodrigue que du temps, de sa protection, de la
valeur de ce héros? (V.)

Ce qu'on peut reprocher avec raison à Corneille, c'est : 1° le
rôle de l'infante, qui a le double inconvénient d'être absolument inutile, et de venir se mêler mal à propos aux situations
les plus intéressantes.

D. FERNAND

Le temps assez souvent a rendu légitime
Ce qui semblait d'abord ne se pouvoir sans crime.

2° L'imprudence du roi de Castille, qui ne prend aucune mesure pour prévenir la descente des Maures, quoiqu'il en soit instruit à temps, et qui, par conséquent, joue un rôle peu digne de la royauté.

3° L'invraisemblance de la scène où don Sanche apporte son épée à Chimène, qui se persuade que Rodrigue est mort, et persiste dans une méprise beaucoup trop prolongée, et dont un seul mot pouvait la tirer. On voit que l'auteur s'est servi de ce moyen forcé pour amener le désespoir de Chimène jusqu'à l'aveu du public de son amour pour Rodrigue, et affaiblir ainsi la résistance qu'elle oppose au roi, qui veut l'unir à son amant. Mais il ne paraît pas que ce ressort fut nécessaire, et la passion de Chimène était suffisamment connue.

4° La violation fréquente de cette règle essentielle qui défend de laisser jamais la scène vide, et que les acteurs entrent et sortent sans se parler ou sans se voir.

5° La monotonie qui se fait sentir dans toutes les scènes entre Chimène et Rodrigue, où ce dernier offre continuellement de mourir. J'ignore si, dans le plan de l'ouvrage, il était possible de faire autrement : j'avouerai aussi que Corneille a mis beaucoup d'esprit et d'adresse à varier, autant qu'il le pouvait, par les détails, cette uniformité de fond ; mais enfin elle se fait sentir, et Voltaire ajoute, avec raison, que Rodrigue, offrant toujours sa vie à sa maîtresse, a une tournure un peu trop romanesque.

Voilà, ce me semble, les vrais défauts qu'on peut blâmer dans la conduite du Cid : ils sont assez graves. Remarquons pourtant qu'il n'y en a pas un qui soit capital, c'est-à-dire qui fasse crouler l'ouvrage par les fondements, ou qui détruise l'intérêt ; car un rôle inutile peut être retranché, et nous en avons plus d'un exemple. Il est possible, à toute force, que le roi de Castille manque de prudence et de précaution, et que don Sanche, étourdi de l'emportement de Chimène, n'ose point l'interrompre pour la détromper : ce sont des invraisemblances, mais non pas des absurdités.

Concluons que dans *le Cid* le choix du sujet, que l'on a blâmé, est un des grands mérites du poëte. C'est à mon gré le

Rodrigue t'a gagnée, et tu dois être à lui.
Mais, quoique sa valeur t'ait conquise aujourd'hui,
Il faudrait que je fusse ennemi de ta gloire
Pour lui donner sitôt le prix de sa victoire.
Cet hymen différé ne rompt point une loi
Qui, sans marquer de temps, lui destine ta foi.
Prends un an, si tu veux, pour essuyer tes larmes.
Rodrigue, cependant il faut prendre les armes.
Après avoir vaincu les Maures sur nos bords,
Renversé leurs desseins, repoussé leurs efforts,
Va jusqu'en leur pays leur reporter la guerre,
Commander mon armée, et ravager leur terre.
A ce nom seul de Cid ils trembleront d'effroi:
Ils t'ont nommé seigneur, et te voudront pour roi.
Mais parmi tes hauts faits sois-lui toujours fidèle :
Reviens-en, s'il se peut, encor plus digne d'elle;
Et par tes grands exploits fais-toi si bien priser,
Qu'il lui soit glorieux alors de t'épouser.

D. RODRIGUE

Pour posséder Chimène, et pour votre service,
Que peut-on m'ordonner que mon bras n'accom-
                                    (plisse?
Quoi qu'absent de ses yeux il me faille endurer,
Sire, ce m'est trop d'heur de pouvoir espérer.

D. FERNAND

Espère en ton courage, espère en ma promesse;
Et, possédant déjà le cœur de ta maîtresse,
Pour vaincre un point d'honneur qui combat contre
                                    (toi,
Laisse faire le temps, ta vaillance, et ton roi.

plus beau, le plus intéressant que Corneille ait traité. Qu'il
l'ait pris à Guillem de Castro, peu importe : on ne saurait
trop répéter que prendre ainsi aux étrangers ou aux anciens
pour enrichir sa nation, sera toujours un sujet de gloire, et non
pas de reproche. (La Harpe.)

NOTICE SUR HORACE

CORNEILLE est dans la force de l'âge et à l'apogée de son talent. La critique, loin de le déranger, lui est profitable. En réponse aux accusations de plagiat dont on l'avait accablé à propos du *Cid*, il produit *Horace*, œuvre dans laquelle tout, excepté le sujet et le nom des personnages empruntés à l'histoire romaine, est entièrement dû à son imagination. Ni l'intrigue, ni les scènes, ni la plupart des incidents ne se trouvent dans les cinq pages de Tite-Live, matière stérile que le génie seul de Corneille pouvait féconder.

Dans cette tragédie les deux passions les plus vives dont le cœur humain puisse être possédé sont constamment mises en présence et en lutte, et sont poussées jusqu'aux plus dramatiques excès.

L'amour cruellement éprouvé d'une sœur y maudit un frère meurtrier de son amant et libérateur de la patrie, et par amour pour son pays un frère verse le sang d'une sœur qui s'est laissée emporter à des imprécations contre Rome et son vengeur. Rien de plus admirable que la manière dont l'action de cette belle tragé-

die est menée et diversifiée. Sans complication
d'événements, sans intrigue recherchée, sans
aucun effort, elle présente des beautés sublimes
et des traits de grandeur dont il n'y a nulle part
d'exemple.

Ce n'est pas cependant une tragédie parfaite. Elle
offre des défauts essentiels, d'abord le défaut
d'unité. Il y a dans *Horace* trois tragédies absolument distinctes : la victoire d'Horace, la mort de
Camille, et le procès d'Horace. Un autre reproche
à lui adresser avec Voltaire et La Harpe, c'est
l'inutilité du cinquième acte. Après les imprécations et la mort de Camille, la pièce était finie.
« Tout ce cinquième acte, dit Corneille lui-
même, est encore une des causes du peu de satisfaction que laisse cette tragédie, il est tout en
plaidoyers. » Voltaire, qui cite cette phrase dans la
critique d'*Horace*, ajoute : « Après ce noble aveu
il ne faut parler de la pièce que pour rendre
hommage au génie d'un homme assez grand pour
se condamner lui-même. »

La malveillance de la critique ne fut pas désarmée
par la production du second chef-d'œuvre de Corneille ; on alla jusqu'à le menacer d'un second
examen pareil à celui du *Cid*. Il répondit fièrement : « Horace fut condamné par les décemvirs,
mais il fut absous par le peuple. » Belle allusion aux
deux pouvoirs auxquels la pièce était livrée : la
science et l'opinion.

Le succès d'*Horace* fut immense comme celui
du *Cid*, et il ne fut pas moins légitime. « J'ai
cherché, dit Voltaire dans tous les anciens et dans
tous les théâtres étrangers une situation pareille,

un pareil mélange d'âme, de douleur, de bienséance, et je ne l'ai point trouvé. » Cet éloge
décerné à la septième scène de l'acte second peu
s'appliquer à la pièce tout entière.

EXTRAIT DE TITE-LIVE

Liv. I, ch. XX, III.

Les Albains reportent dans leur patrie cette réponse. Des deux côtés on pousse avec activité les préparatifs d'une guerre qu'on pouvait regarder comme une guerre civile, puisqu'elle armait, pour ainsi dire, les enfants contre leurs pères. Les deux peuples étaient du sang troyen : Lavinium était sortie de Troie, Albe de Lavinium, et les Romains de la race des rois d'Albe. L'événement rendit pourtant la lutte moins affreuse. Il n'y eut point de bataille, et il n'en coûta que la destruction des maisons d'une des deux villes pour réunir les deux peuples en un seul. Albe fut prête, et envoya une nombreuse armée envahir le territoire de sa rivale. Elle vint camper à cinq milles au plus de Rome, et fortifia son camp d'un fossé, qui, pendant plusieurs siècles, porta le nom du général ennemi et fut appelé fossé Cluilius. Le temps, depuis, a effacé le fossé et le nom. Le roi albain Cluilius meurt dans son camp, et l'on nomme dictateur Mettus Puffetius. La mort du roi ennemi redouble la fierté de Tullus. Il répète que la vengeance des dieux a commencé par cette tête à faire retomber

sur tout ce qui porte le nom albain la punition de
cette guerre sacrilége; tourne, à la faveur de la
nuit, le camp ennemi et envahit à son tour le territoire d'Albe. Ce mouvement tira Mettus de sa
position. Il s'approche le plus qu'il peut de l'ennemi
et envoie un héraut à Tullus pour lui dire qu'avant
ce combat une entrevue est nécessaire; que, s'il
l'accorde, Mettus lui fera des propositions non
moins intéressantes pour Rome que pour Albe.
Tullus ne s'y refuse pas, et, sans attacher beaucoup
d'importance à ces communications, range ses
troupes en bataille. Les Albains suivent son
exemple. Quand les deux armées furent en présence, les chefs, suivis de quelques-uns de leurs prin-
cipaux officiers, s'avancent. L'Albain prend la
parole. « D'injustes agressions, le refus de rendre
le butin au terme du traité, telles sont les causes
que j'ai entendu notre roi Cluilius donner à cette
guerre, et je ne doute pas, Tullus, que ce ne soit
celles que tu allègues. Mais, si nous voulons, sans
nous arrêter à de vains prétextes, dire la vérité,
c'est l'ambition qui pousse aux armes deux peuples
voisins et unis par le sang. Est-ce à raison, est-ce
à tort? Il ne m'appartient pas d'en décider; c'est
l'affaire de celui qui a déclaré la guerre. Albe m'a
chargé du soin de la conduire; mais, Tullus, je
veux te donner un avis. Tu sais combien est redoutable l'Etrurie qui nous environne : plus voisin
d'elle que nous, tu dois le mieux savoir. Sa puissance, formidable sur terre, l'est plus encore sur
mer. Songe, en donnant le signal du combat,
qu'elle tient les yeux fixés sur ces deux armées,
et qu'elle n'attend que le moment de tomber sur

le vainqueur et le vaincu, affaiblis et épuisés. Mais puisque ce n'est pas assez pour nous de jouir d'une liberté assurée, puisque nous voulons encore courir la chance de l'empire ou de l'esclavage, tâchons, avec l'aide des dieux, de trouver quelque moyen de décider lequel doit commander des deux peuples, sans qu'il leur en coûte beaucoup de sang et de carnage. » Cette proposition ne déplut pas à Tullus, quoique son ardeur naturelle fût enflammée encore par l'espérance de la victoire. L'expédient que cherchaient les deux chefs, la fortune elle-même leur en fournit les éléments.

Il se trouvait par hasard dans chaque armée trois frères à peu près de même force et de même âge : c'étaient les Horaces et les Curiaces. On est assez d'accord sur leurs noms, et il est dans l'antiquité peu de traits aussi connus ; mais, malgré la notoriété du fait, il reste encore l'incertitude sur les noms; on ne sait pas bien à quelle nation appartenaient les Horaces, à quelle nation les Curiaces. Il y a des autorités pour et contre. Je trouve cependant plus d'auteurs qui donnent le nom d'Horaces aux Romains, et je suis porté à suivre leur sentiment. Chacun des deux rois charge ces trois frères de combattre pour leur patrie. La victoire donnera l'empire ; on en tombe d'accord ; on fixe le temps et le lieu du combat. Avant qu'il s'engage, un traité est conclu entre Albe et Rome, il porte que le peuple dont les guerriers auront triomphé commandera à l'autre sans l'opprimer.

La cérémonie terminée, les trois frères, comme on en était convenu, prennent leurs armes. Chaque parti encourage ses champions, leur rappelle que

les dieux de la patrie, la patrie elle-même, leurs
parents, tout ce que la ville, tout ce que le camp
renferme de citoyens, a les yeux fixés sur leurs
armes, sur leurs bras, et ces guerriers, déjà si
braves, s'avancent pleins de ces encouragements entre
les deux armées. Elles étaient rangées chacune
devant son camp, à l'abri du danger, mais non de
l'inquiétude. Il s'agissait de l'empire, confié à la
fortune et au courage d'un si petit nombre de
combattants. Agités d'espérance et de crainte,
toute leur attention se fixe sur ce pénible spectacle.
Le signal est donné ; et, les armes en avant, ces
jeunes guerriers, animés du courage de deux
grandes armées, se heurtent comme deux fronts de
bataille. Ni les uns ni les autres ne songent à leur
propre péril. C'est le triomphe, c'est l'asservisse-
ment de leur patrie qui les occupe, cette patrie
dont la fortune sera désormais ce qu'ils l'auront
faite. Dès qu'au premier choc on entendit le cli-
quetis des armes, dès qu'on vit briller les épées, une
horreur profonde saisit tous les spectateurs ; et,
dans l'incertitude du succès, ils retenaient leur
voix et leur haleine. Bientôt les combattants
s'attaquent de plus près. Ce n'est plus le mouvement de leurs corps, l'agitation menaçante de
leurs armes, mais les blessures, mais le sang qui
frappent les regards ; deux des Romains tombent
expirants l'un sur l'autre ; les trois Albains étaient
blessés. A la chute des Horaces, un cri de joie
s'élève des rangs de l'armée albaine, et l'espérance,
mais non l'inquiétude, abandonne les légions
romaines, tremblantes pour le guerrier qu'avaient
entouré les trois Curiaces. Il était heureusement

sans blessure, et trop faible contre tous ses ennemis,
fort contre chacun d'eux. Pour les séparer, il prend
la fuite, persuadé qu'ils le poursuivront de plus ou
moins près, selon qu'ils se trouvent plus ou moins
blessés. Il était assez loin déjà de l'endroit où l'on
avait combattu, quand il se retourne, et voit qu'ils
le suivent à de longs intervalles. Le premier n'était
pas loin ; il revient sur lui d'un élan rapide, et
tandis que l'armée albaine crie aux Curiaces de
secourir leur frère, Horace avait immolé son
ennemi et vainqueur marchait à un nouveau
combat. Le cri qu'arrache aux Romains ce succès
inespéré encourage leur guerrier ; il se hâte de
terminer le combat ; et, avant que le dernier des
Curiaces, qui n'était plus éloigné, puisse l'atteindre,
il achève le second. Mars avait égalé le nombre des
combattants, il n'en restait qu'un de chaque côté,
mais ils n'avaient ni le même espoir ni la même
vigueur. L'un, que le fer n'a point touché, s'avance
enorgueilli d'une double victoire ; l'autre, épuisé
par sa course, se traîne à peine, et, vaincu d'avance
par la mort de ses frères, s'offre au vainqueur. Il
n'y eut point de combat. Le Romain, ivre de joie,
s'écrie : « J'en ai immolé deux aux mânes de mes
frères : le troisième, c'est à la cause de cette guerre,
pour que Rome commande aux Albains, que je
l'immole. » A ces mots, il plonge son épée dans la
gorge de son adversaire, qui soutenait avec peine
ses armes, le terrasse et le dépouille. Les Romains
accueillent Horace avec des cris de joie et de
triomphe. Leur allégresse était d'autant plus vive
qu'ils avaient ressenti plus de crainte. Ensuite
chaque parti s'occupa de rendre à ses morts les

derniers devoirs, mais avec des sentiments bien différents; les uns venaient de s'élever à l'empire, les autres étaient devenus sujets. On voit encore les tombeaux de ces guerriers à la place où chacun d'eux est tombé; les deux Romains ensemble plus près d'Albe; les trois Albains du côté de Rome, mais à quelque distance l'un de l'autre, comme ils avaient combattu.

Avant de se séparer, Mettus, aux termes du traité, demande à Tullus ses ordres. Ce prince lui commande de tenir les Albains sous les armes, pour qu'il se puisse aider de leurs secours, s'il avait la guerre avec les Véiens. Les deux armées rentrent ensuite dans leurs foyers. A la tête des Romains marchait Horace, chargé des triples dépouilles des vaincus; sa sœur, jeune vierge fiancée à l'un des Curiaces, vint au-devant de lui jusqu'à la porte de Capène; et, reconnaissant sur les épaules de son frère la cotte d'armes de son amant, qu'elle avait tissue de ses mains, elle s'arrache les cheveux et prononce le nom de son époux avec des cris lamentables. Ces pleurs, au milieu de son triomphe et de l'allégresse publique, émeuvent l'âme superbe du vainqueur. Il tire son épée et perce la jeune fille, en lui adressant ces reproches : « Va retrouver avec ton amour dénaturé cet amant pour qui tu oublies tes frères morts et ton frère vivant, pour qui tu oublies ta patrie. Ainsi périsse toute Romaine qui pleurera un ennemi. » Ce meurtre révolta le sénat et le peuple; mais le triomphe récent du coupable en voilait l'horreur. Il est pourtant traîné et accusé devant le roi; mais ce prince, ne voulant pas prendre sur lui la responsabilité d'un jugement

*sévère et désagréable à la multitude, non plus que
celle du supplice qui devait suivre, convoque le
peuple et dit : « Je nomme, d'après la loi, les
décemvirs pour juger le crime d'Horace. » Les
termes de la loi étaient effrayants : « Les décemvirs prononceront sur la culpabilité. Si l'accusé en
appelle, on jugera l'appel ; si le jugement est con-
firmé, on voilera la tête du coupable ; on le sus-
pendra à l'arbre fatal, après l'avoir battu de verges,
soit dans l'enceinte, soit hors de l'enceinte des
murailles. » Nommés par cette loi, les décemvirs
n'auraient pas cru pouvoir absoudre même l'auteur
d'un meurtre involontaire, et ils condamnèrent
Horace. L'un d'eux prend la parole : « P. Hora-
tius, je te déclare coupable. Va, licteur, attache-
lui les mains. Le licteur, s'approchant, passait
déjà la corde : « J'en appelle, » s'écrie Horace, par
le conseil de Tullus, qui donnait à la loi une inter-
prétation plus douce. L'appel fut discuté devant le
peuple : on fut touché surtout d'entendre Horace
le père déclarer que sa fille avait mérité la mort
qu'elle avait reçue : si elle eût été innocente, il
aurait lui-même, en vertu de l'autorité paternelle,
sévi contre son fils. Il priait ensuite le peuple, qui
l'avait vu naguère père d'une si belle famille, de
ne pas le priver de tous ses enfants. Tantôt il
embrassait son fils ; tantôt, montrant avec orgueil
les dépouilles des Curiaces attachées à l'endroit
qu'on appelle aujourd'hui trophée d'Horace, il
s'écriait : « Quoi ! Romains, ce héros que vous avez
vu tout à l'heure marcher au milieu de la gloire et
de la pompe d'un triomphe, vous pourrez le voir
attaché au poteau, au milieu des verges et des*

supplices? Albe elle-même pourrait à peine soutenir,
l'horreur d'un semblable spectacle. Va, licteur,
enchaîne ce bras qui, naguère armé du glaive, a
donné l'empire aux Romains. Va donc, voilà la
tête du libérateur de Rome, attache-la à l'arbre
fatal, frappe-le de verges dans l'enceinte de nos
murs, mais au milieu de ces trophées et de ces
dépouilles, ou hors de leur enceinte, mais au milieu
des tombeaux des Curiaces ; car où pourrez-vous
conduire ce jeune héros sans que sa gloire le sauve
de l'infamie du supplice? » Le peuple ne put tenir
contre les larmes du père, ni contre la fermeté
toujours inébranlable du fils, et l'admiration
qu'inspirait son courage le fit absoudre plus que la
bonté de sa cause. Mais comme un crime si évident
devait entraîner quelque expiation, le père fut
obligé, pour racheter son fils, de payer une amende
au trésor public. Après quelques sacrifices expia-
toires, dont la famille des Horaces conserva depuis
la tradition, il éleva un soliveau en travers du
chemin, et condamna son fils à passer la tête couverte sous cette espèce de joug. Ce monument, entretenu aux frais du public, subsiste encore. On
l'appelle le soliveau de la sœur. Un tombeau en
pierre de taille fut élevé à la jeune fille à l'endroit
où elle avait reçu le coup mortel.

HORACE [1]

TRAGÉDIE 1639

PERSONNAGES

TULLE, roi de Rome.
LE VIEIL HORACE, chevalier romain.
HORACE, son fils.
CURIACE, gentilhomme d'Albe, amant de Camille.
VALÈRE, chevalier romain, amoureux de Camille.
SABINE, femme d'Horace et sœur de Curiace.
CAMILLE, amante de Curiace et sœur d'Horace.
JULIE, dame romaine, confidente de Sabine et de Camille.
FLAVIAN, soldat de l'armée d'Albe.
PROCULE, soldat de l'armée de Rome.

La scène est à Rome, dans une salle de la maison d'Horace.

ACTE PREMIER

SCÈNE PREMIÈRE

SABINE, JULIE

SABINE

Approuvez ma faiblesse, et souffrez ma douleur;
Elle n'est que trop juste en un si grand malheur;
Si près de voir sur soi fondre de tels orages,
L'ébranlement sied bien aux plus fermes courages;

[1] C'est le titre que Corneille donna toujours à cette tragédie. Celui des *Horaces* a prévalu depuis dans la conversation et sur les affiches des spectacles.

Et l'esprit le plus mâle et le moins abattu
Ne saurait sans désordre exercer sa vertu.
Quoique le mien s'étonne à ces rudes alarmes,
Le trouble de mon cœur ne peut rien sur mes larmes,
Et, parmi les soupirs qu'il pousse vers les cieux,
Ma constance du moins règne encor sur mes yeux :
Quand on arrête là les déplaisirs d'une âme,
Si l'on fait moins qu'un homme, on fait plus qu'une
                                        [femme ;
Commander à ses pleurs en cette extrémité,
C'est montrer pour le sexe assez de fermeté.

JULIE

C'en est peut-être assez pour une âme commune
Qui du moindre péril se fait une infortune ;
Mais de cette faiblesse un grand cœur est honteux ;
Il ose espérer tout dans un succès douteux.
Les deux camps sont rangés au pied de nos murailles ;
Mais Rome ignore encor comme on perd des batailles.
Loin de trembler pour elle, il lui faut applaudir :
Puisqu'elle va combattre, elle va s'agrandir.
Bannissez, bannissez une frayeur si vaine,
Et concevez des vœux dignes d'une Romaine.

SABINE

Je suis Romaine, hélas ! puisque Horace est Romain ;
J'en ai reçu le titre en recevant sa main ;
Mais ce nœud me tiendrait en esclave enchaînée,
S'il m'empêchait de voir en quels lieux je suis née.
Albe, où j'ai commencé de respirer le jour,
Albe, mon cher pays, et mon premier amour,
Lorsque entre nous et toi je vois la guerre ouverte
Je crains notre victoire autant que notre perte.
Rome, si tu te plains que c'est là te trahir,
Fais-toi des ennemis que je puisse haïr (1),

(1) Ce vers est devenu proverbe.

Quand je vois de tes murs leur armée et la nôtre,
Mes trois frères dans l'une, et mon mari dans l'autre,
Puis-je former des vœux, et sans impiété
Importuner le ciel pour ta félicité ?
Je sais que ton État, encore en sa naissance,
Ne saurait, sans la guerre, affermir sa puissance ;
Je sais qu'il doit s'accroître, et que tes grands destins
Ne le borneront pas chez les peuples latins ;
Que les dieux t'ont promis l'empire de la terre,
Et que tu n'en peux voir l'effet que par la guerre.
Bien loin de m'opposer à cette noble ardeur
Qui suit l'arrêt des dieux et court à ta grandeur,
Je voudrais déjà voir tes troupes couronnées
D'un pas victorieux franchir les Pyrénées.
Va jusqu'en l'Orient pousser tes bataillons ;
Va sur les bords du Rhin planter tes pavillons ;
Fais trembler sous tes pas les colonnes d'Hercule,
Mais respecte une ville à qui tu dois Romule.
Ingrate, souviens-toi que du sang de ses rois
Tu tiens ton nom, tes murs, et tes premières lois.
Albe est ton origine ; arrête, et considère
Que tu portes le fer dans le sein de ta mère.
Tourne ailleurs les efforts de tes bras triomphants ;
Sa joie éclatera dans l'heur de ses enfants ;
Et, se laissant ravir à l'amour maternelle,
Ses vœux seront pour toi, si tu n'es plus contre elle.

JULIE

Ce discours me surprend, vu que depuis le temps
Qu'on a contre son peuple armé nos combattants,
Je vous ai vu pour elle autant d'indifférence
Que si d'un sang romain vous aviez pris naissance.
J'admirais la vertu qui réduisait en vous
Vos plus chers intérêts à ceux de votre époux ;
Et je vous consolais au milieu de vos plaintes,
Comme si notre Rome eût fait toutes vos craintes.

SABINE

Tant qu'on ne s'est choqué qu'en de légers combats,
Trop faibles pour jeter un des partis à bas,
Tant qu'un espoir de paix a pu flatter ma peine,
Oui, j'ai fait vanité d'être toute Romaine.
Si j'ai vu Rome heureuse avec quelque regret,
Soudain, j'ai condamné ce mouvement secret;
Et si j'ai ressenti, dans ses destins contraires,
Quelque maligne joie en faveur de mes frères,
Soudain, pour l'étouffer rappelant ma raison,
J'ai pleuré quand la gloire entrait dans leur maison.
Mais aujourd'hui qu'il faut que l'une ou l'autre tombe,
Qu'Albe devienne esclave, ou que Rome succombe,
Et qu'après la bataille il ne demeure plus
Ni d'obstacle aux vainqueurs, ni d'espoir aux vaincus,
J'aurais pour mon pays une cruelle haine,
Si je pouvais encore être toute Romaine,
Et si je demandais votre triomphe aux dieux,
Au prix de tant de sang qui m'est si précieux.
Je m'attache un peu moins aux intérêts d'un homme;
Je ne suis point pour Albe, et ne suis plus pour Rome,
Je crains pour l'une et l'autre en ce dernier effort,
Et serai du parti qu'affligera le sort.
Egale à tous les deux jusques à la victoire,
Je prendrai part aux maux sans en prendre à la gloire;
Et je garde, au milieu de tant d'âpres rigueurs,
Mes larmes aux vaincus, et ma haine aux vainqueurs.

JULIE

Qu'on voit naître souvent de pareilles traverses,
En des esprits divers, des passions diverses!
Et qu'à nos yeux Camille agit bien autrement!
Son frère est votre époux, le vôtre est son amant:
Mais elle voit d'un œil bien différent du vôtre
Son sang dans une armée, et son amour dans l'autre.

Lorsque vous conserviez un esprit tout romain,
Le sien irrésolu, le sien tout incertain,
De la moindre mêlée appréhendait l'orage,
De tous les deux partis détestait l'avantage,
Au malheur des vaincus donnait toujours ses pleurs,
Et nourrissait ainsi d'éternelles douleurs.
Mais hier, quand elle sut qu'on avait pris journée (1),
Et qu'enfin la bataille allait être donnée,
Une soudaine joie éclatant sur son front...

SABINE

Ah! que je crains, Julie, un changement si prompt!
Hier (1) dans sa belle humeur elle entretint Valère,
Pour ce rival sans doute elle quitte mon frère;
Son esprit, ébranlé par les objets présents,
Ne trouve point d'absent aimable après deux ans.
Mais excusez l'ardeur d'une amour fraternelle;
Le soin que j'ai de lui me fait craindre tout d'elle :
Je forme des soupçons d'un trop léger sujet.
Près d'un jour si funeste on change peu d'objet.
Les âmes rarement sont de nouveau blessées;
Et dans un si grand trouble on a d'autres pensées :
Mais on n'a pas aussi de si doux entretiens,
Ni de contentements qui soient pareils aux siens.

JULIE

Les causes, comme à vous, m'en semblent fort obscures;
Je ne me satisfais d'aucunes conjectures.

(1) On dirait aujourd'hui *prendre jour;* mais autrefois
prendre journée pouvait s'employer dans le même sens que
prendre jour.

(2) Dans l'ancienne langue *hier* était monosyllabe et il continua de l'être pendant une partie du xviie siècle, et même plus tard.

C'est assez de constance en un si grand danger
Que de le voir, l'attendre et ne point s'affliger ;
Mais certes c'en est trop d'aller jusqu'à la joie.

SABINE

Voyez qu'un bon génie à propos nous l'envoie.
Essayez sur ce point à la faire parler ;
Elle vous aime assez pour ne vous rien celer
Je vous laisse. Ma sœur, entretenez Julie (1) ;
J'ai honte de montrer tant de mélancolie ;
Et mon cœur, accablé de mille déplaisirs,
Cherche la solitude à (2) cacher ses soupirs.

SCÈNE II

CAMILLE, JULIE

CAMILLE

Qu'elle a tort de vouloir que je vous entretienne !
Croit-elle ma douleur moins vive que la sienne,
Et que, plus insensible à de si grands malheurs,
A mes tristes discours je mêle moins de pleurs ?
De pareilles frayeurs mon âme est alarmée ;
Comme elle je perdrai dans l'une et l'autre armée.

---

(1) *Ma sœur, entretenez Julie*, est de la comédie ; mais il y a ici un plus grand défaut, c'est qu'il semble que Camille vienne sans aucun intérêt, et seulement pour faire conversation. La tragédie ne permet pas qu'un personnage paraisse sans une raison importante. On est fort dégoûté aujourd'hui de toutes ces longues conversations, qui ne sont amenées que pour remplir le vide de l'action, et qui ne le remplissent pas. D'ailleurs pourquoi s'en aller quand un bon génie lui envoie Camille, et qu'elle peut s'éclaircir ? (V.)

(2) On dirait aujourd'hui *pour*.

Je verrai mon amant, mon plus unique bien,
Mourir pour son pays, ou détruire le mien ;
Et cet objet d'amour devenir, pour ma peine,
Digne de mes soupirs, ou digne de ma haine.
Hélas !

JULIE

Elle est pourtant plus à plaindre que vous.
On peut changer d'amant, mais non changer d'époux.
Oubliez Curiace, et recevez Valère,
Vous ne tremblerez plus pour le parti contraire,
Vous serez toute nôtre, et votre esprit remis
N'aura plus rien à perdre au camp des ennemis.

CAMILLE

Donnez-moi des conseils qui soient plus légitimes,
Et plaignez mes malheurs sans m'ordonner des crimes.
Quoiqu'à peine à mes maux je puisse résister,
J'aime mieux les souffrir que de les mériter.

JULIE

Quoi ! vous appelez crime un change raisonnable ?

CAMILLÉ

Quoi ! le manque de foi vous semble pardonnable ?

JULIE

Envers un ennemi, qui peut nous obliger ?

CAMILLE

D'un serment solennel, qui peut nous dégager ?

JULIE

Vous déguisez en vain une chose trop claire :
Je vous vis encore hier entretenir Valère,

Et l'accueil gracieux qu'il recevait de vous
Lui permet de nourrir un espoir assez doux.

CAMILLE

Si je l'entretins hier et lui fis bon visage,
N'en imaginez rien qu'à son désavantage ;
De mon contentement un autre était l'objet.
Mais pour sortir d'erreur sachez-en le sujet ;
Je garde à Curiace une amitié trop pure
Pour souffrir plus longtemps qu'on m'estime parjure,
Il vous souvient qu'à peine on voyait de sa sœur
Par un heureux hymen mon frère possesseur,
Quand, pour comble de joie, il obtint de mon père
Que de ses chastes feux je serais le salaire.
Ce jour nous fut propice et funeste à la fois ;
Unissant nos maisons, il désunit nos rois ;
Un même instant conclut notre hymen et la guerre,
Fit naître notre espoir et le jeta par terre,
Nous ôta tout, sitôt qu'il nous eut tout promis ;
Et, nous faisant amants, il nous fit ennemis.
Combien nos déplaisirs parurent lors extrêmes !
Combien contre le ciel il vomit de blasphèmes !
Et combien de ruisseaux coulèrent de mes yeux !
Je ne vous le dis point, vous vîtes nos adieux ;
Vous avez vu depuis les troubles de mon âme :
Vous savez pour la paix quels vœux a faits ma flamme ;
Et quels pleurs j'ai versés à chaque événement,
Tantôt pour mon pays, tantôt pour mon amant.
Enfin mon désespoir, parmi ces longs obstacles,
M'a fait avoir recours à la voix des oracles.
Ecoutez si celui qui me fut hier rendu
Eut droit de rassurer mon esprit éperdu.
Ce Grec si renommé, qui depuis tant d'années
Au pied de l'Aventin prédit nos destinées,
Lui qu'Apollon jamais n'a fait parler à faux,
Me promit par ces vers la fin de mes travaux :

« Albe et Rome demain prendront une autre face ;
« Tes vœux sont exaucés, elles auront la paix,
« Et tu seras unie avec ton Curiace,
« Sans qu'aucun mauvais sort t'en sépare jamais. »
Je pris sur cet oracle une entière assurance ;
Et comme le succès passait mon espérance,
J'abandonnai mon âme à des ravissements
Qui passaient les transports des plus heureux amants.
Jugez de leur excès : je rencontrai Valère,
Et, contre sa coutume, il ne put me déplaire ;
Il me parla d'amour sans me donner d'ennui :
Je ne m'aperçus pas que je parlais à lui ;
Je ne lui pus montrer de mépris ni de glace :
Tout ce que je voyais me semblait Curiace ;
Tout ce qu'on me disait me parlait de ses feux ;
Tout ce que je disais l'assurait de mes vœux.
Le combat général aujourd'hui se hasarde ;
J'en sus hier la nouvelle, et je n'y pris pas garde ;
Mon esprit rejetait ces funestes objets,
Charmé des doux pensers d'hymen et de la paix.
La nuit a dissipé des erreurs si charmantes ;
Mille songes affreux, mille images sanglantes,
Ou plutôt mille amas de carnage et d'horreur,
M'ont arraché ma joie et rendu ma terreur.
J'ai vu du sang, des morts, et n'ai rien vu de suite ;
Un spectre, en paraissant, prenait soudain la fuite ;
Ils s'effaçaient l'un l'autre ; et chaque illusion
Redoublait mon effroi par sa confusion.

JULIE

C'est en contraire sens qu'un songe s'interprète.

CAMILLE

Je le dois croire ainsi, puisque je le souhaite ;
Mais je me trouve enfin, malgré tous mes souhaits,
Au jour d'une bataille, et non pas d'une paix.

JULIE

Par là finit la guerre, et la paix lui succède.

CAMILLE

Dure à jamais le mal, s'il y faut ce remède !
Soit que Rome y succombe ou qu'Albe ait le dessous,
Cher amant, n'attends plus d'être un jour mon époux
Jamais, jamais ce nom ne sera pour un homme.
Qui soit ou le vaiqueur ou l'esclave de Rome.
Mais quel objet nouveau se présente en ces lieux ?
Est-ce toi, Curiace ? en croirai-je mes yeux ?

SCÈNE III

CURIACE, CAMILLE, JULIE

CURIACE

N'en doutez point, Camille, et revoyez un homme
Qui n'est ni le vainqueur ni l'esclave de Rome ;
Cessez d'appréhender de voir rougir mes mains
Du poids honteux des fers ou du sang des Romains.
J'ai cru que vous aimiez assez Rome et la gloire
Pour mépriser ma chaîne et haïr ma victoire ;
Et comme également en cette extrémité
Je craignais la victoire et la captivité...

CAMILLE

Curiace, il suffit, je devine le reste :
Tu fuis une bataille à tes vœux si funeste,
Et ton cœur, tout à moi, pour ne me perdre pas,
Dérobe à ton pays le secours de ton bras.
Qu'un autre considère ici ta renommée,
Et te blâme, s'il veut, de m'avoir trop aimée,
Ce n'est point à Camille à t'en mésestimer ;
Plus ton amour paraît, plus elle doit t'aimer ;

Et, si tu dois beaucoup aux lieux qui t'ont vu naître,
Plus tu quittes pour moi, plus tu le fais paraître.
Mais as-tu vu mon père? et peut-il endurer
Qu'ainsi dans sa maison tu t'oses retirer?
Ne préfère-t-il point l'État à sa famille?
Ne regarde-t-il point Rome plus que sa fille?
Enfin notre bonheur est-il bien affermi?
T'a-t-il vu comme gendre, ou bien comme ennemi?

CURIACE

Il m'a vu comme gendre, avec une tendresse
Qui témoignait assez une entière allégresse;
Mais il ne m'a point vu, par une trahison,
Indigne de l'honneur d'entrer dans sa maison.
Je n'abandonne point l'intérêt de ma ville,
J'aime encor mon honneur en adorant Camille.
Tant qu'a duré la guerre, on m'a vu constamment
Aussi bon citoyen que véritable amant.
D'Albe avec mon amour j'accordais la querelle;
Je soupirais pour vous en combattant pour elle;
Et s'il fallait encor que l'on en vînt aux coups,
Je combattrais pour elle en soupirant pour vous.
Oui, malgré les désirs de mon âme charmée,
Si la guerre durait, je serais dans l'armée:
C'est la paix qui chez vous me donne un libre accès,
La paix à qui nos feux doivent ce beau succès.

CAMILLE

La paix! Et le moyen de croire un tel miracle?

JULIE

Camille, pour le moins croyez-en votre oracle,
Et sachons pleinement par quels heureux effets
L'heure d'une bataille a produit cette paix.

CURIACE

L'aurait-on jamais cru! Déjà les deux armées,
D'une égale chaleur au combat animées,

Se menaçaient des yeux, et, marchant fièrement,
N'attendaient, pour donner, que le commandement;
Quand notre dictateur devant les rangs s'avance,
Demande à votre prince un moment de silence;
Et, l'ayant obtenu : « Que faisons-nous, Romains,
« Dit-il, et quel démon nous fait venir aux mains ?
« Souffrons que la raison éclaire enfin nos âmes :
« Nous sommes vos voisins, nos filles sont vos femmes,
« Et l'hymen nous a joints par tant et tant de nœuds,
« Qu'il est peu de nos fils qui ne soient vos neveux;
« Nous ne sommes qu'un sang et qu'un peuple en deux
                                              [villes :
« Pourquoi nous déchirer par des guerres civiles,
« Où la mort des vaincus affaiblit les vainqueurs,
« Et le plus beau triomphe est arrosé de pleurs ?
« Nos ennemis communs attendent avec joie
« Qu'un des partis défait leur donne l'autre en proie,
« Lassé, demi rompu, vainqueur, mais, pour tout fruit,
« Dénué d'un secours par lui-même détruit.
« Ils ont assez longtemps joui de nos divorces;
« Contre eux dorénavant joignons toutes nos forces,
« Et noyons dans l'oubli ces petits différends
« Qui de si bons guerriers font de mauvais parents.
« Que si l'ambition de commander aux autres
« Fait marcher aujourd'hui vos troupes et les nôtres,
« Pourvu qu'à moins de sang nous voulions l'apaiser,
« Elle nous unira, loin de nous diviser.
« Nommons des combattants pour la cause commune;
« Que chaque peuple aux siens attache sa fortune;
« Et, suivant ce que d'eux ordonnera le sort,
« Que le faible parti prenne loi du plus fort :
« Mais, sans indignité pour des guerriers si braves,
« Qu'ils deviennent sujets sans devenir esclaves,
« Sans honte, sans tribut, et sans autre rigueur
« Que de suivre en tous lieux les drapeaux du vainqueur.
« Ainsi nos deux États ne feront qu'un empire. »
Il semble qu'à ces mots notre discorde expire :

Chacun, jetant les yeux dans un rang ennemi,
Reconnaît un beau-frère, un cousin, un ami;
Ils s'étonnent comment leurs mains, de sang avides,
Volaient, sans y penser, à tant de parricides,
Et font paraître un front couvert tout à la fois
D'horreur pour la bataille et d'ardeur pour ce choix.
Enfin l'offre s'accepte, et la paix désirée
Sous ces conditions est aussitôt jurée :
Trois combattront pour tous; mais pour les mieux
[choisir
Nos chefs ont voulu prendre un peu plus de loisir.
Le vôtre est au sénat, le nôtre dans sa tente.

CAMILLE

O dieux, que ce discours rend mon âme contente!

CURIACE

Dans deux heures au plus, par un commun accord,
Le sort de nos guerriers réglera notre sort.
Cependant tout est libre, attendant qu'on les nomme :
Rome est dans notre camp, et notre camp dans Rome;
D'un et d'autre côté l'accès étant permis,
Chacun va renouer avec ses vieux amis.
Pour moi, ma passion m'a fait suivre vos frères ;
Et mes désirs ont eu des succès si prospères,
Que l'auteur de vos jours m'a promis à demain
Le bonheur sans pareil de vous donner la main.
Vous ne deviendrez pas rebelle à sa puissance ?

CAMILLE

Le devoir d'une fille est dans l'obéissance.

CURIACE

Venez donc recevoir ce doux commandement,
Qui doit mettre le comble à mon contentement.

CAMILLE

Je vais suivre vos pas, mais pour revoir mes frères.
Et savoir d'eux encor la fin de nos misères.

JULIE

Allez, et cependant au pied de nos autels
J'irai rendre pour vous grâces aux immortels.

ACTE SECOND

SCÈNE PREMIÈRE

HORACE, CURIACE

CURIACE

Ainsi Rome n'a point séparé son estime;
Elle eût cru faire ailleurs un choix illégitime :
Cette superbe ville, en vos frères et vous,
Trouve les trois guerriers qu'elle préfère à tous;
Et, ne nous opposant d'autres bras que les vôtres,
D'une seule maison brave toutes les nôtres :
Nous croirons, à la voir tout entière en vos mains,
Que hors les fils d'Horace il n'est point de Romains.
Ce choix pouvait combler trois familles de gloire,
Consacrer hautement leurs noms à la mémoire :
Oui, l'honneur que reçoit la vôtre par ce choix
En pouvait à bon titre immortaliser trois;
Et puisque c'est chez vous que mon heur et ma flamme
M'ont fait placer ma sœur et choisir une femme,
Ce que je vais vous être et ce que je vous suis
Me font y prendre part autant que je le puis :
Mais un autre intérêt tient ma joie en contrainte,
Et parmi ses douceurs mêle beaucoup de crainte :

La guerre en tel éclat a mis votre valeur,
Que je tremble pour Albe et prévois son malheur :
Puisque vous combattez, sa perte est assurée ;
En vous faisant nommer, le destin l'a jurée.
Je vois trop dans ce choix ses funestes projets,
Et me compte déjà pour un de vos sujets.

HORACE

Loin de trembler pour Albe, il vous faut plaindre
[Rome,
Voyant ceux qu'elle oublie, et les trois qu'elle nomme.
C'est un aveuglement pour elle bien fatal
D'avoir tant à choisir, et de choisir si mal.
Mille de ses enfants beaucoup plus dignes d'elle
Pouvaient bien mieux que nous soutenir sa querelle ;
Mais quoique ce combat me promette un cercueil,
La gloire de ce choix m'enfle d'un juste orgueil ;
Mon esprit en conçoit une mâle assurance ;
J'ose espérer beaucoup de mon peu de vaillance ;
Et du sort envieux quels que soient les projets,
Je ne me compte point pour un de vos sujets.
Rome a trop cru de moi ; mais mon âme ravie
Remplira son attente, ou quittera la vie.
Qui veut mourir, ou vaincre, est vaincu rarement :
Ce noble désespoir périt malaisément.
Rome, quoi qu'il en soit, ne sera point sujette,
Que mes derniers soupirs n'assurent ma défaite.

CURIACE

Hélas ! c'est bien ici que je dois être plaint.
Ce que veut mon pays, mon amitié le craint.
Dures extrémités, de voir Albe asservie,
Ou sa victoire au prix d'une si chère vie,
Et que l'unique bien où tendent ses désirs
S'achète seulement par vos derniers soupirs.
Quels vœux puis-je former, et quel bonheur attendre
De tous les deux côtés j'ai des pleurs à répandre ;
De tous les deux côtés mes désirs sont trahis.

HORACE

Quoi ! vous me pleureriez mourant pour mon pays !
Pour un cœur généreux ce trépas a des charmes,
La gloire qui le suit ne souffre point de larmes ;
Et je le recevrais en bénissant mon sort,
Si Rome et tout l'État perdaient moins en ma mort.

CURIACE

A vos amis pourtant permettez de le craindre ;
Dans un si beau trépas ils sont les seuls à plaindre :
La gloire en est pour vous, et la perte pour eux ;
Il vous fait immortel, et les rend malheureux.
On perd tout quand on perd un ami si fidèle.
Mais Flavian m'apporte ici quelque nouvelle.

SCÈNE II

HORACE, CURIACE, FLAVIAN

CURIACE

Albe de trois guerriers a-t-elle fait le choix ?

FLAVIAN

Je viens pour vous l'apprendre.

CURIACE

Eh bien, qui sont les trois ?

FLAVIAN

Vos deux frères et vous.

CURIACE

Qui ?

FLAVIAN

Vous et vos deux frères.
Mais pourquoi ce front triste et ces regards sévères?
Ce choix vous déplaît-il ?

CURIACE

Non, mais il me surprend;
Je m'estimais trop peu pour un honneur si grand.

FLAVIAN

Dirai-je au dictateur, dont l'ordre ici m'envoie,
Que vous le recevez avec si peu de joie ?
Ce morne et froid accueil me surprend à mon tour.

CURIACE

Dis-lui que l'amitié, l'alliance et l'amour
Ne pourront empêcher que les trois Curiaces
Ne servent leur pays contre les trois Horaces.

FLAVIAN

Contre eux! Ah! c'est beaucoup me dire en peu de
[mots.

CURIACE

Porte-lui ma réponse, et nous laisse en repos.

SCÈNE III

HORACE, CURIACE

CURIACE

Que désormais le ciel, les enfers et la terre
Unissent leurs fureurs à nous faire la guerre ;
Que les hommes, les dieux, les démons et le sort
Préparent contre nous un général effort :

Je mets à faire pis, en l'état où nous sommes,
Le sort, et les démons, et les dieux, et les hommes.
Ce qu'ils ont de cruel, et d'horrible, et d'affreux,
L'est bien moins que l'honneur qu'on nous fait à tous
                                  [deux.

HORACE

Le sort qui de l'honneur nous ouvre la barrière
Offre à notre constance une illustre matière ;
Il épuise sa force à former un malheur
Pour mieux se mesurer avec notre valeur ;
Et, comme il voit en nous des âmes peu communes,
Hors de l'ordre commun il nous fait des fortunes.
Combattre un ennemi pour le salut de tous,
Et contre un inconnu s'exposer seul aux coups,
D'une simple vertu c'est l'effet ordinaire,
Mille déjà l'ont fait, mille pourraient le faire ;
Mourir pour le pays est un si digne sort,
Qu'on briguerait en foule une si belle mort.
Mais vouloir au public immoler ce qu'on aime,
S'attacher au combat contre un autre soi-même,
Attaquer un parti qui prend pour défenseur
Le frère d'une femme et l'amant d'une sœur ;
Et, rompant tous ces nœuds, s'armer pour la patrie
Contre un sang qu'on voudrait racheter de sa vie ;
Une telle vertu n'appartient qu'à nous.
L'éclat de son grand nom lui fait peu de jaloux,
Et peu d'hommes au cœur l'ont assez imprimée
Pour oser aspirer à tant de renommée.

CURIACE

Il est vrai que nos noms ne sauraient plus périr ;
L'occasion est belle, il nous la faut chérir.
Nous serons les miroirs d'une vertu bien rare ;
Mais votre fermeté tient un peu du barbare ;
Peu, même des grands cœurs, tireraient vanité
D'aller par ce chemin à l'immortalité :

A quelque prix qu'on mette une telle fumée,
L'obscurité vaut mieux que tant de renommées.
Pour moi, je l'ose dire, et vous l'avez pu voir,
Je n'ai point consulté pour suivre mon devoir;
Notre longue amitié, l'amour, ni l'alliance,
N'ont pu mettre un moment mon esprit en balance;
Et puisque par ce choix Albe montre en effet
Qu'elle m'estime autant que Rome vous a fait (1),
Je crois faire pour elle autant que vous pour Rome;
J'ai le cœur aussi bon, mais enfin je suis homme :
Je vois que votre honneur demande tout mon sang,
Que tout le mien consiste à vous percer le flanc;
Près d'épouser la sœur, qu'il faut tuer le frère,
Et que pour mon pays j'ai le sort si contraire.
Encor qu'à mon devoir je coure sans terreur,
Mon cœur s'en effarouche, et j'en frémis d'horreur;
J'ai pitié de moi–même, et jette un œil d'envie
Sur ceux dont notre guerre a consumé la vie,
Sans souhait toutefois de pouvoir reculer.
Ce triste et fier honneur m'émeut sans m'ébranler :
J'aime ce qu'il me donne, et je plains ce qu'il m'ôte ;
Et si Rome demande une vertu plus haute,
Je rends grâces aux dieux de n'être pas Romain,
Pour conserver encore quelque chose d'humain.

HORACE

Si vous n'êtes Romain, soyez digne de l'être ;
Et si vous m'égalez, faites-le mieux paraître.
La solide vertu dont je fais vanité
N'admet point de faiblesse avec sa fermeté ;
Et c'est mal de l'honneur entrer dans la carrière
Que dès le premier pas regarder en arrière.
Notre malheur est grand ; il est au plus haut point ;
Je l'envisage entier ; mais je n'en frémis point :

(1) C'est-à-dire vous a estimé. *Faire* remplaçait souvent un
verbe précédemment exprimé.

Contre qui que ce soit que mon pays m'emploie,
J'accepte aveuglément cette gloire avec joie ;
Celle de recevoir de tels commandements
Doit étouffer en nous tous autres sentiments.
Qui, près de le servir, considère autre chose,
A faire ce qu'il doit lâchement se dispose ;
Ce droit saint et sacré rompt tout autre lien.
Rome a choisi mon bras, je n'examine rien ;
Avec une allégresse aussi pleine et sincère
Que j'épousai la sœur, je combattrai le frère ;
Et, pour trancher enfin ces discours superflus,
Albe vous a nommé, je ne vous connais plus (1).

CURIACE

Je vous connais encore, et c'est ce qui me tue ;
Mais cette âpre vertu ne m'était pas connue ;
Comme notre malheur elle est au plus haut point :
Souffrez que je l'admire et ne l'imite point.

HORACE

Non, non, n'embrassez pas de vertu par contrainte :
Et, puisque vous trouvez plus de charme à la plainte,
En toute liberté goûtez un bien si doux.
Voici venir ma sœur pour se plaindre avec vous.
Je vais revoir la vôtre et résoudre son âme
A se bien souvenir qu'elle est toujours ma femme ;
A vous aimer encor, si je meurs par vos mains,
Et prendre en son malheur des sentiments romains.

(1) A ces mots: *Je ne vous connais plus*, — *Je vous connais encore*, on se récria d'admiration ; on n'avait jamais rien vu de si sublime. (V.)

SCÈNE IV

HORACE, CURIACE, CAMILLE

HORACE

Avez-vous su l'état (1) qu'on fait de Curiace
Ma sœur?

CAMILLE

Hélas ! mon sort a bien changé de face.

HORACE

Armez-vous de constance, et montrez-vous ma sœur ;
Et si par mon trépas il retourne vainqueur,
Ne le recevez point en meurtrier d'un frère,
Mais en homme d'honneur qui fait ce qu'il doit faire,
Qui sert bien son pays, et sait montrer à tous,
Par sa haute vertu, qu'il est digne de vous.
Comme si je vivais, achevez l'hyménée :
Mais si ce fer aussi tranche sa destinée,
Faites à ma victoire un pareil traitement,
Ne me reprochez point la mort de votre amant.
Vos larmes vont couler, et votre cœur se presse.
Consumez avec lui toute cette faiblesse,
Querellez ciel et terre, et maudissez le sort ;
Mais après le combat ne pensez plus au mort.
        (A Curiace)
Je ne vous laisserai qu'un moment avec elle,
Puis nous irons ensemble où l'honneur nous appelle.

(1) L'estime.

SCÈNE V

CURIACE, CAMILLE

CAMILLE

Iras-tu, Curiace? et ce funeste honneur
Te plaît-il aux dépens de tout notre bonheur?

CURIACE

Hélas! je vois trop bien qu'il faut, quoi que je fasse,
Mourir ou de douleur ou de la main d'Horace.
Je vais comme au supplice à cet illustre emploi;
Je maudis mille fois l'état qu'on fait de moi;
Je hais cette valeur qui fait qu'Albe m'estime;
Ma flamme au désespoir passe jusques au crime,
Elle se prend au ciel, et l'ose quereller.
Je vous plains, je me plains; mais il y faut aller.

CAMILLE

Non; je te connais mieux, tu veux que je te prie,
Et qu'ainsi mon pouvoir t'excuse à (1) ta patrie.
Tu n'es que trop fameux par tes autres exploits :
Albe a reçu par eux tout ce que tu lui dois,
Autre n'a mieux que toi soutenu cette guerre;
Autre de plus de morts n'a couvert notre terre :
Ton nom ne peut plus croître, il ne lui manque rien;
Souffre qu'un autre ici puisse ennoblir le sien.

CURIACE

Que je souffre à mes yeux qu'on ceigne une autre tête
Des lauriers immortels que la gloire m'apprête,
Ou que tout mon pays reproche à ma vertu
Qu'il aurait triomphé si j'avais combattu,

(1) Envers.

Et que sous mon amour ma valeur endormie
Couronne tant d'exploits d'une telle infamie !
Non, Albe, après l'honneur que j'ai reçu de toi,
Tu ne succomberas ni vaincras que par moi ;
Tu m'as commis ton sort, je t'en rendrai bon compte,
Et vivrai sans reproche, ou périrai sans honte.

CAMILLE

Quoi ! tu ne veux pas voir qu'ainsi tu me trahis !

CURIACE

Avant que d'être à vous je suis à mon pays !

CAMILLE

Mais te priver pour lui toi-même d'un beau-frère,
Ta sœur de son mari !

CURIACE

                    Telle est notre misère,
Le choix d'Albe et de Rome ôte toute douceur
Aux noms jadis si doux de beau-frère et de sœur.

CAMILLE

Tu pourras donc, cruel, me présenter sa tête,
Et demander ma main pour prix de ta conquête !

CURIACE

Il n'y faut plus penser : en l'état où je suis,
Vous aimer sans espoir, c'est tout ce que je puis.
Vous en pleurez, Camille ?

CAMILLE

                    Il faut bien que je pleure :
Mon insensible amant ordonne que je meure ;
Et quand l'hymen pour nous allume son flambeau,
Il l'éteint de sa main pour m'ouvrir le tombeau.

Ce cœur impitoyable à ma perte s'obstine,
Et dit qu'il m'aime encore alors qu'il m'assassine.

CURIACE

Que les pleurs d'une amante ont de puissants discours!
Et qu'un bel œil est fort avec un tel secours (1)!
Que mon cœur s'attendrit à cette triste vue!
Ma constance contre elle à regret s'évertue.
N'attaquez plus ma gloire avec tant de douleurs,
Et laissez-moi sauver ma vertu de vos pleurs;
Je sens qu'elle chancelle, et défend mal la place.
Plus je suis votre amant, moins je suis Curiace.
Faible d'avoir déjà combattu l'amitié,
Vaincrait-elle à la fois l'amour et la pitié?
Allez, ne m'aimez plus, ne versez plus de larmes,
Ou j'oppose l'offense à de si fortes armes;
Je me défendrais mieux contre votre courroux,
Et, pour le mériter, je n'ai plus d'yeux pour vous.
Vengez-vous d'un ingrat, punissez un volage.
Vous ne vous montrez point sensible à cet outrage!
Je n'ai plus d'yeux pour vous, vous en avez pour moi!
En faut-il plus encor? je renonce à ma foi.
Rigoureuse vertu dont je suis la victime,
Ne peux-tu résister sans le secours d'un crime?

CAMILLE

Ne fais point d'autre crime, et j'atteste les dieux
Qu'au lieu de t'en haïr, je t'en aimerai mieux;
Oui, je te chérirai, tout ingrat et perfide,
Et cesse d'aspirer au nom de fratricide.
Pourquoi suis-je Romaine, ou que n'es-tu Romain?
Je te préparerais des lauriers de ma main;
Je t'encouragerais, au lieu de te distraire;
Et je te traiterais comme j'ai fait mon frère.

(1) Ces réflexions générales sont inutiles et froides.

Hélas! j'étais aveugle en mes vœux aujourd'hui,
J'en ai fait contre toi quand j'en ai fait pour lui,
Il revient : quel malheur, si l'amour de sa femme
Ne peut non plus sur lui que le mien sur ton âme (1)!

SCÈNE VI

HORACE, CURIACE, SABINE, CAMILLE

CURIACE

Dieux! Sabine le suit! Pour ébranler mon cœur,
Est-ce peu de Camille? y joignez-vous ma sœur?
Et, laissant à ses pleurs vaincre ce grand courage,
L'amenez-vous ici chercher même avantage?

SABINE

Non, non, mon frère, non; je ne viens en ce lieu
Que pour vous embrasser et pour vous dire adieu.
Votre sang est trop bon, n'en craignez rien de lâche,
Rien dont la fermeté de ces grands cœurs se fâche :
Si ce malheur illustre ébranlait l'un de vous,
Je le désavouerais pour frère ou pour époux.
Pourrai-je toutefois vous faire une prière
Digne d'un tel époux, et digne d'un tel frère ?
Je veux d'un coup si noble ôter l'impiété,
A l'honneur qui l'attend rendre sa pureté,
La mettre en son éclat sans mélange de crimes ;
Enfin, je vous veux faire ennemis légitimés.
Du saint nœud qui vous joint je suis le seul lien :
Quand je ne serai plus, vous ne vous serez rien.
Brisez votre alliance, et rompez-en la chaîne;
Et, puisque votre honneur veut des effets de haine,

(1) N'est pas français, la grammaire demande: *ne peut pas
plus sur lui.* (V.)

Achetez par ma mort le droit de vous haïr (1) :
Albe le veut, et Rome ; il faut leur obéir.
Qu'un de vous deux me tue, et que l'autre me venge.
Alors votre combat n'aura plus rien d'étrange,
Et du moins l'un des deux sera juste agresseur,
Ou pour venger sa femme, ou pour venger sa sœur.
Mais quoi ! vous souilleriez une gloire si belle,
Si vous vous animiez par quelque autre querelle :
Le zèle du pays vous défend de tels soins ;
Vous feriez peu pour lui si vous vous étiez moins (2).
Il lui faut, et sans haine, immoler un beau-frère.
Ne différez donc plus ce que vous devez faire ;
Commencez par sa sœur à répandre son sang,
Commencez par sa femme à lui percer le flanc,
Commencez par Sabine à faire de vos vies
Un digne sacrifice à vos chères patries :
Vous êtes ennemis en ce combat fameux,
Vous d'Albe, vous de Rome, et moi de toutes deux.
Quoi ! me réservez-vous à voir une victoire
Où, pour haut appareil d'une pompeuse gloire,
Je verrai les lauriers d'un frère ou d'un mari
Fumer encor d'un sang que j'aurai tant chéri ?
Pourrai-je entre vous deux régler alors mon âme,
Satisfaire aux devoirs et de sœur et de femme,
Embrasser le vainqueur en pleurant le vaincu ?
Non, non, avant ce coup Sabine aura vécu :
Ma mort le préviendra, de qui que je l'obtienne ;
Le refus de vos mains y condamne la mienne.
Sus donc, qui vous retient ? Allez, cœurs inhumains,
J'aurai trop de moyens pour y forcer vos mains ;

(1) Quand Sabine vient proposer à son frère et à son mari de
lui donner la mort, on sait trop qu'ils ne le feront ni l'un ni
l'autre. Ce n'est donc qu'une vaine déclamation : car Sabine
ne doit pas plus le demander qu'ils ne doivent le faire ; c'est un
remplissage amené par des sentiments peu naturels. (LA HARPE.)
(2) Vers prosaïque et lourd.

Vous ne les aurez point au combat occupées,
Que ce corps au milieu n'arrête vos épées;
Et, malgré vos refus, il faudra que leurs coups
Se fassent jour ici pour aller jusqu'à vous.

HORACE

O ma femme!

CURIACE

O ma sœur!

CAMILLE

Courage! ils s'amollissent.

SABINE

Vous poussez des soupirs! vos visages pâlissent!
Quelle peur vous saisit? Sont-ce là ces grands cœurs,
Ces héros qu'Albe et Rome ont pris pour défenseurs?

HORACE

Que t'ai-je fait, Sabine? et quelle est mon offense,
Qui t'oblige à chercher une telle vengeance?
Que t'a fait mon honneur? et par quel droit viens-tu
Avec toute ta force attaquer ma vertu?
Du moins contente-toi de l'avoir étonnée,
Et me laisse achever cette grande journée.
Tu me viens de réduire en un étrange point;
Aime assez ton mari pour n'en triompher point:
Va-t'en, et ne rends plus la victoire douteuse;
La dispute déjà m'en est assez honteuse.
Souffre qu'avec honneur je termine mes jours.

SABINE

Va, cesse de me craindre; on vient à ton secours.

SCÈNE VII

LE VIEIL HORACE, HORACE, CURIACE, SABINE,
CAMILLE

LE VIEIL HORACE

Qu'est ceci, mes enfants? écoutez-vous vos flammes?
Et perdez-vous encor le temps avec des femmes?
Prêts à verser du sang, regardez-vous des pleurs?
Fuyez, et laissez-les déplorer leurs malheurs.
Leurs plaintes ont pour vous trop d'art et de tendresse:
Elles vous feraient part enfin de leur faiblesse,
Et ce n'est qu'en fuyant qu'on pare de tels coups.

SABINE

N'appréhendez rien d'eux, ils sont dignes de vous.
Malgré tous nos efforts, vous en devez attendre
Ce que vous souhaitez et d'un fils et d'un gendre;
Et si notre faiblesse ébranlait leur honneur,
Nous vous laissons ici pour leur rendre du cœur.
Allons, ma sœur, allons, ne perdons plus de larmes;
Contre tant de vertus ce sont de faibles armes.
Ce n'est qu'au désespoir qu'il nous faut recourir.
Tigres, allez combattre; et nous, allons mourir.

SCÈNE VIII

LE VIEIL HORACE, HORACE, CURIACE

HORACE

Mon père, retenez des femmes qui s'emportent,
Et, de grâce, empêchez surtout qu'elles ne sortent:
Leur amour importun viendrait avec éclat
Par des cris et des pleurs troubler notre combat;
Et ce qu'elles nous sont ferait qu'avec justice
On nous imputerait ce mauvais artifice;

L'honneur d'un si beau choix serait trop acheté,
Si l'on nous soupçonnait de quelque lâcheté.

LE VIEIL HORACE

J'en aurai soin. Allez: vos frères vous attendent;
Ne pensez qu'aux devoirs que vos pays demandent.

CURIACE

Quel adieu vous dirai-je ? et par quels compliments...

LE VIEIL HORACE

Ah ! n'attendrissez point ici mes sentiments ;
Pour vous encourager ma voix manque de termes ;
Mon cœur ne forme point de pensers assez fermes :
Moi-même en cet adieu j'ai les larmes aux yeux (1).
Faites votre devoir, et laissez faire aux dieux.

ACTE TROISIÈME

SCÈNE PREMIÈRE (2).

SABINE (3)

Prenons parti, mon âme, en de telles disgrâces;
Soyons femme d'Horace, ou sœur des Curiaces;

(1) Cette larme paternelle qui tombe des yeux de l'inflexible
vieillard touche cent fois plus que les plaintes superflues des
deux femmes. On reconnaît ici la vérité de ce qu'a dit Voltaire,
que l'amour n'est point fait pour la seconde place. (LA HARPE.)

(2) J'ai cherché dans tous les anciens et dans tous les théâtres
étrangers une situation pareille, un pareil mélange de grandeur
d'âme, et douleur, de bienséance, et je ne l'ai point trouvé :
je remarquerai surtout que chez les Grecs il n'y a rien dans ce
goût. (V.)

(3) Ce monologue de Sabine est absolument inutile et fait

Cessons de partager nos inutiles soins ;
Souhaitons quelque chose, et craignons un peu moins.
Mais, las ! quel parti prendre en un sort si contraire ?
Quel ennemi choisir, d'un époux, ou d'un frère ?
La nature ou l'amour parle pour chacun d'eux,
Et la loi du devoir m'attache à tous les deux.
Sur leurs hauts sentiments réglons plutôt les nôtres ;
Soyons femme de l'un ensemble et sœur des autres ;
Regardons leur honneur comme un souverain bien ;
Imitons leur constance, et ne craignons plus rien.
La mort qui les menace est une mort si belle,
Qu'il en faut sans frayeur attendre la nouvelle.
N'appelons point alors les destins inhumains ;
Songeons pour quelle cause, et non par quelles mains ;
Revoyons les vainqueurs, sans penser qu'à la gloire
Que toute leur maison reçoit de leur victoire ;
Et, sans considérer au dépens de quel sang
Leur vertu les élève en cet illustre rang,
Faisons nos intérêts de ceux de leur famille :
En l'une je suis femme, en l'autre je suis fille ;
Et tiens à toutes deux par de si forts liens,
Qu'on ne peut triompher que par les bras des miens.
Fortune, quelques maux que ta rigueur m'envoie,
J'ai trouvé les moyens d'en tirer de la joie,
Et puis voir aujourd'hui le combat sans terreur,
Les morts sans désespoir, les vainqueurs sans horreur.

languir la pièce. Les comédiens voulaient alors des monologues.
La déclamation approchait du chant, surtout celle des femmes :
les auteurs avoient cette complaisance pour elles. Sabine s'a-
dresse sa pensée, répète ce qu'elle a dit, oppose parole à parole.

> En l'une je suis femme, en l'autre je suis fille,
> En l'une je suis fille, en l'autre je suis femme.
> Songeons pour quelle cause, et non par quelles mains,
> Je songe par quel bras, et non par quelle cause.

Les quatre derniers vers sont plus dans la passion. (V.)

Flatteuse illusion, erreur douce et grossière,
Vain effort de mon âme, impuissante lumière,
De qui le faux brillant prend droit de m'éblouir,
Que tu sais peu durer, et tôt t'évanouir !
Pareille à ces éclairs qui, dans le fort des ombres,
Poussent un jour qui fuit, et rend les nuits plus sombres,
Tu n'as frappé mes yeux d'un moment de clarté
Que pour les abîmer dans plus d'obscurité.
Tu charmais trop ma peine ; et le ciel, qui s'en fâche,
Me vend déjà bien cher ce moment de relâche.
Je sens mon triste cœur percé de tous les coups
Qui m'ôtent maintenant un frère, ou mon époux.
Quand je songe à leur mort, quoi que je me propose,
Je songe par quels bras, et non pour quelle cause,
Et ne vois les vainqueurs en leur illustre rang
Que pour considérer au dépens de quel sang.
La maison des vaincus touche seule à mon âme :
En l'une je suis fille, en l'autre je suis femme,
Et tiens à toutes deux par de si forts liens,
Qu'on ne peut triompher que par la mort des miens.
C'est là donc cette paix que j'ai tant souhaitée ?
Trop favorables dieux, vous m'avez écoutée !
Quels foudres lancez-vous quand vous vous irritez,
Si même vos faveurs ont tant de cruautés ?
Et de quelle façon punissez-vous l'offense,
Si vous traitez ainsi les vœux de l'innocence ?

SCÈNE II

SABINE, JULIE

SABINE

En est-ce fait, Julie ? et que m'apportez-vous (1) ?
Est-ce la mort d'un frère, ou celle d'un époux ?

(1) Autant la première scène a refroidi les esprits, autant
cette seconde les échauffe ; pourquoi ? c'est qu'on y apprend

Le funeste succès de leurs armes impies
De tous les combattants a-t-il fait des hosties (1) ?
Et m'enviant l'horreur que j'aurais des vainqueurs,
Pour tous tant qu'ils étaient demande-t-il mes pleurs ?

JULIE

Quoi ! ce qui s'est passé, vous l'ignorez encore ?

SABINE

Vous faut-il étonner de ce que je l'ignore,
Et ne savez-vous pas que de cette maison
Pour Camille et pour moi l'on fait une prison ?
Julie, on nous renferme, on a peur de nos larmes ;
Sans cela nous serions au milieu de leurs armes.
Et, par les désespoirs d'une chaste amitié,
Nous aurions des deux camps tiré quelque pitié.

JULIE

Il n'était pas besoin d'un si tendre spectacle ;
Leur vue à leur combat apporte assez d'obstacle.
Sitôt qu'ils ont paru prêts à se mesurer,
On a dans les deux camps entendu murmurer :
A voir de tels amis, des personnes si proches,
Venir pour leur patrie aux mortelles approches,
L'un s'émeut de pitié, l'autre est saisi d'horreur,
L'autre d'un si grand zèle admire la fureur ;
Tel porte jusqu'aux cieux leur vertu sans égale,
Et tel l'ose nommer sacrilége et brutale.
Ces divers sentiments n'ont pourtant qu'une voix ;
Tous accusent leurs chefs, tous détestent leur choix ;

quelque chose de nouveau et d'intéressant : il n'y a point de
vaine déclamation, et c'est là le grand art de la tragédie, fondé
sur la connaissance du cœur humain, qui veut toujours être
remué. (V.)

(1) *Hostie* ne se dit plus, et c'est dommage ; il ne reste plus
que le mot de *victime*. Plus on a de termes pour exprimer la
même chose, plus la poésie est variée. (V.)

Et, ne pouvant souffrir un combat si barbare.
On s'écrie, on s'avance, enfin on les sépare.

SABINE

Que je vous dois d'encens, grands dieux, qui m'exau-
[cez!

JULIE

Vous n'êtes pas, Sabine, encore où vous pensez :
Vous pouvez espérer, vous avez moins à craindre ;
Mais il vous reste encore assez de quoi vous plaindre.
En vain d'un sort si triste on les veut garantir ;
Ces cruels généreux n'y peuvent consentir ;
La gloire de ce choix leur est si précieuse,
Et charme tellement leur âme ambitieuse,
Qu'alors qu'on les déplore ils s'estiment heureux,
Et prennent pour affront la pitié qu'on a d'eux.
Le trouble des deux camps souille leur renommée ;
Ils combattront plutôt et l'une et l'autre armée,
Et mourront par les mains qui leur font d'autres lois;
Que pas un d'eux renonce aux honneurs d'un tel
[choix.

SABINE

Quoi! dans leur dureté ces cœurs d'acier s'obstinent!

JULIE

Oui; mais d'autre côté les deux camps se mutinent,
Et leurs cris, des deux parts poussés en même temps,
Demandent la bataille, ou d'autres combattants.
La présence des chefs à peine est respectée,
Leur pouvoir est douteux, leur voix mal écoutée;
Le roi même s'étonne; et, pour dernier effort :
« Puisque chacun, dit-il, s'échauffe en ce discord,
« Consultons des grands dieux la majesté sacrée,
« Et voyons si ce change à leurs bontés agrée.
« Quel impie osera se prendre à leur vouloir,
« Lorsqu'en un sacrifice ils nous l'auront fait voir? »

Il se tait, et ces mots semblent être des charmes ;
Même aux six combattants ils arrachent les armes ;
Et ce désir d'honneur qui leur ferme les yeux,
Tout aveugle qu'il est, respecte encor les dieux.
Leur plus bouillante ardeur cède à l'avis de Tulle ;
Et, soit par déférence, ou par un prompt scrupule,
Dans l'une et l'autre armée on s'en fait une loi,
Comme si toutes deux le connaissaient pour roi.
Le reste s'apprendra par la mort des victimes.

SABINE

Les dieux n'avoueront point un combat plein de
[crimes ;
J'en espère beaucoup, puisqu'il est différé,
Et je commence à voir ce que j'ai désiré.

SCÈNE III

AMILLE, SABINE, JULIE

SABINE

Ma sœur, que je vous die (1) une bonne nouvelle.

CAMILLE

Je pense la savoir, s'il faut la nommer telle ;
On l'a dite à mon père, et j'étais avec lui,
Mais je n'en conçois rien qui flatte mon ennui :
Ce délai de nos maux rendra leurs coups plus rudes ;
Ce n'est qu'un plus long terme à nos inquiétudes ;
Et tout l'allégement qu'il en faut espérer,
C'est de pleurer plus tard ceux qu'il faudra pleurer.

---

(1) Au lieu de *die*, on a imprimé *dise* dans les éditions sui-
vantes : *Die* n'est plus qu'une licence ; on ne l'emploie que pour
la rime.

SABINE

Les dieux n'ont pas en vain inspiré ce tumulte.

CAMILLE

Disons plutôt, ma sœur, qu'en vain on les consulte.
Ces mêmes dieux à Tulle ont inspiré ce choix ;
Et la voix du public n'est pas toujours leur voix ;
Ils descendent bien moins dans de si bas étages (1)
Que dans l'âme des rois, leurs vivantes images,
De qui l'indépendante et sainte autorité
Est un rayon secret de leur divinité.

JULIE

C'est vouloir sans raison vous former des obstacles,
Que de chercher leur voix ailleurs qu'en leurs oracles;
Et vous ne vous pouvez figurer tout perdu,
Sans démentir celui qui vous fut hier rendu.

CAMILLE

Un oracle jamais ne se laisse comprendre;
On l'entend d'autant moins que plus on croit l'en-
[tendre,
Et, loin de s'assurer sur un pareil arrêt,
Qui n'y voit rien d'obscur doit croire que tout l'est.

(1) *Bas étages* est bien bas, et la pensée n'est que poétique.
Cette contestation de Sabine et de Camille paraît froide, dans
un moment où l'on est si impatient de savoir ce qui se passe.
Ce discours de Camille semble avoir un autre défaut : ce n'est
point à une amante à dire que les *dieux inspirent toujours
les rois, qu'ils sont des rayons de la divinité;* c'est là de la
déclamation d'un rhéteur dans un panégyrique. Ces contesta-
tions de Camille et de Sabine sont, à la vérité, des jeux d'esprit un peu froids; c'est un grand malheur que le peu de matière que fournit la pièce ait obligé l'auteur à y mêler ces
scènes, qui, par leur inutilité, sont toujours languissantes. (V.)

SABINE

Sur ce qui fait pour nous prenons plus d'assurance,
Et souffrons les douceurs d'une juste espérance.
Quand la faveur du ciel ouvre à demi ses bras,
Qui ne s'en promet rien ne la mérite pas :
Il empêche souvent qu'elle ne se déploie ;
Et, lorsqu'elle descend, son refus la renvoie.

CAMILLE

Le ciel agit sans nous en ces événements,
Et ne les règle point dessus nos sentimens.

JULIE

Il ne vous a fait peur que pour vous faire grâce.
Adieu : je vais savoir comme enfin tout se passe.
Modérez vos frayeurs, j'espère à mon retour
Ne vous entretenir que de propos d'amour,
Et que nous n'emploierons la fin de la journée
Qn'aux doux préparatifs d'un heureux hyménée.

SABINE

J'ose encor l'espérer.

CAMILLE

Moi, je n'espère rien.

JULIE

L'effet vous fera voir que nous en jugeons bien.

SCÈNE IV

SABINE, CAMILLE

SABINE

Parmi nos déplaisirs souffrez que je vous blâme (1) :
Je ne puis approuver tant de trouble en votre âme :

(1) Cette scène ralentit l'intérêt.

Que feriez-vous, ma sœur, au point où je me vois,
Si vous aviez à craindre autant que je le dois,
Et si vous attendiez de leurs armes fatales
Des maux pareils aux miens, et des pertes égales ?

CAMILLE

Parlez plus sainement de vos maux et des miens :
Chacun voit ceux d'autrui d'un autre œil que les siens ;
Mais, à bien regarder ceux où le ciel me plonge,
Les vôtres auprès d'eux vous sembleront un songe.
La seule mort d'Horace est à craindre pour vous.
Des frères ne sont rien à l'égal d'un époux,
L'hymen qui nous attache en une autre famille
Nous détache de celle où l'on a vécu fille,
On voit d'un œil divers des nœuds si différents,
Et pour suivre un mari l'on quitte ses parents :
Mais, si près d'un hymen l'amant que donne un
[père
Nous est moins qu'un époux, et non pas moins qu'un
[frère ;
Nos sentiments entre eux demeurent suspendus,
Notre choix impossible, et nos vœux confondus.
Ainsi, ma sœur, du moins vous avez dans vos plaintes
Où porter vos souhaits et terminer vos craintes ;
Mais si le ciel s'obstine à nous persécuter,
Pour moi j'ai tout à craindre, et rien à souhaiter.

SABINE

Quand il faut que l'un meure et par les mains de
[l'autre,
C'est un raisonnement bien mauvais que le vôtre (1).

(1) Ce mot seul de *raisonnement* est la condamnation de
cette scène et de toutes celles qui lui ressemblent. Tout doit
être action dans une tragédie ; non que chaque scène doive être
un événement, mais chaque scène doit servir à nouer ou à dé-
nouer l'intrigue ; chaque discours doit être préparation ou

Quoique ce soient, ma sœur, des nœuds bien différents,
C'est sans les oublier qu'on quitte ses parents :
L'hymen n'efface point ces profonds caractères ;
Pour aimer un mari, l'on ne hait pas ses frères ;
La nature en tout temps garde ses premiers droits ;
Aux dépens de leur vie on ne fait point de choix :
Aussi bien qu'un époux ils sont d'autres nous-mêmes ;
Et tous maux sont pareils alors qu'ils sont extrêmes :
Mais l'amant qui vous charme et pour qui vous brûlez
Ne vous est, après tout, que ce que vous voulez ;
Une mauvaise humeur, un peu de jalousie,
En fait assez souvent passer la fantaisie.
Ce que peut le caprice, osez-le par raison,
Et laissez votre sang hors de comparaison :
C'est crime qu'opposer des liens volontaires
A ceux que la naissance a rendus nécessaires.
Si donc le ciel s'obstine à nous persécuter,
Seule j'ai tout à craindre, et rien à souhaiter :
Mais pour vous le devoir vous donne dans vos plaintes
Où porter vos souhaits et terminer vos craintes.

CAMILLE

Je le vois bien, ma sœur, vous n'aimâtes jamais:
Vous ne connaissez point ni l'amour ni ses traits :
On peut lui résister quand il commence à naître,
Mais non pas le bannir quand il s'est rendu maître,
Et que l'aveu d'un père, engageant notre foi,
A fait de ce tyran un légitime roi :
Il entre avec douceur, mais il règne par force (1);
Et quand l'âme une fois a goûté son amorce,

obstacle. C'est en vain qu'on cherche à mettre des contrastes entre les caractères dans ces scènes inutiles, si ces contrastes ne produisent rien. V.)

(1) Ces maximes détachées, qui sont un défaut quand la passion doit parler, avaient alors le mérite de la nouveauté ; on s'écriait : *C'est connaître le cœur humain !* Mais c'est le con-

Vouloir ne plus aimer, c'est ce qu'elle ne peut,
Puisqu'elle ne peut plus vouloir que ce qu'il veut :
Ses chaînes sont pour nous aussi fortes que belles (1).

SCÈNE V

LE VIEIL HORACE, SABINE, CAMILLE

LE VIEIL HORACE

Je viens vous apporter de fâcheuses nouvelles (2),
Mes filles ; mais en vain je voudrais vous celer
Ce qu'on ne vous saurait longtemps dissimuler :
Vos frères sont aux mains, les dieux ainsi l'ordonnent.

SABINE

Je veux bien l'avouer, ces nouvelles m'étonnent;
Et je m'imaginais dans la Divinité
Beaucoup moins d'injustice, et bien plus de bonté.
Ne nous consolez point : contre tant d'infortune
La pitié parle en vain, la raison importune.
Nous avons en nos mains la fin de nos douleurs,
Et qui veut bien mourir peut braver les malheurs.
Nous pourrions aisément faire en votre présence
De notre désespoir une fausse constance ;
Mais quand on peut sans honte être sans fermeté,
L'affecter au dehors, c'est une lâcheté (3);

naître bien mieux que de faire dire en sentiment ce qu'on n'exprimait guère alors qu'en sentences, défaut éblouissant que les auteurs imitaient de Sénèque. (V.)

(1) Toute cette scène est un pur remplissage.

(2) Comme l'arrivée du vieil Horace rend la vie au théâtre qui languissait ! quel moment et quelle noble simplicité !

(3) Si ce n'est pas le héros qui parle, c'est le poëte qui raisonne.

L'usage d'un tel art, nous le laissons aux hommes,
Et ne voulons passer que pour ce que nous sommes.
Nous ne demandons point qu'un courage si fort
S'abaisse, à notre exemple, à se plaindre du sort.
Recevez sans frémir ces mortelles alarmes ;
Voyez couler nos pleurs sans y mêler vos larmes ;
Enfin, pour toute grâce, en de tels déplaisirs,
Gardez votre constance, et souffrez nos soupirs.

LE VIEIL HORACE

Loin de blâmer les pleurs que je vous vois ré-
[pandre (1),
Je crois faire beaucoup de m'en pouvoir défendre,
Et céderais peut-être à de si rudes coups
Si je prenais ici même intérêt que vous :
Non qu'Albe par son choix m'ait fait haïr vos frères,
Tous trois me sont encor des personnes bien chères ;
Mais enfin l'amitié n'est pas du même rang,
Et n'a point les effets de l'amour ni du sang ;
Je ne sens point pour eux la douleur qui tourmente
Sabine comme sœur, Camille comme amante :
Je puis les regarder comme nos ennemis,
Et donne sans regret mes souhaits à mes fils.
Ils sont, grâces aux dieux, dignes de leur patrie ;
Aucun étonnement n'a leur gloire flétrie ;
Et j'ai vu leur honneur croître de la moitié,
Quand ils ont des deux camps refusé la pitié.
Si par quelque faiblesse ils l'avaient mendiée,
Si leur haute vertu ne l'eût répudiée,
Ma main bientôt sur eux m'eût vengé hautement
De l'affront que m'eût fait ce mol consentement.

(1) Ce discours du vieil Horace est plein d'un art d'autant plus beau qu'il ne paraît pas : on ne voit que la hauteur d'un Romain, et la chaleur d'un vieillard qui préfère l'honneur à la nature. Mais cela même prépare tout ce qu'il dit dans la scène suivante : c'est là qu'est le vrai génie. (V.)

Mais lorsqu'en dépit d'eux on en a voulu d'autres,
Je ne le cèle point, j'ai joint mes vœux aux vôtres.
Si le ciel pitoyable eût écouté ma voix,
Albe serait réduite à faire un autre choix ;
Nous pourrions voir tantôt triompher les Horaces
Sans voir leurs bras souillés du sang des Curiaces,
Et de l'événement d'un combat plus humain
Dépendrait maintenant l'honneur du nom romain :
La prudence des dieux autrement en dispose ;,
Sur leur ordre éternel mon esprit se repose :
Il s'arme en ce besoin de générosité,
Et du bonheur public fait sa félicité.
Tâchez d'en faire autant pour soulager vos peines,
Et songez toutes deux que vous êtes Romaines :
Vous l'êtes devenue, et vous l'êtes encor :
Un si glorieux titre est un digne trésor.
Un jour, un jour viendra que par toute la terre
Rome se fera craindre à l'égal du tonnerre,
Et que, tout l'univers tremblant dessous ses lois,
Ce grand nom deviendra l'ambition des rois :
Les dieux à notre Énée ont promis cette gloire.

SCÈNE VI

LE VIEIL HORACE, SABINE, CAMILLE, JULIE

LE VIEIL HORACE

Nous venez-vous, Julie, apprendre la victoire ?

JULIE

Mais plutôt du combat les funestes effets.
Rome est sujette d'Albe, et vos fils sont défaits ;
Des trois les deux sont morts, son époux seul vous reste.

LE VIEL HORACE

O d'un triste combat effet vraiment funeste !
Rome est sujette d'Albe, et pour l'en garantir
Il n'a pas employé jusqu'au dernier soupir !
Non, non, cela n'est point, on vous trompe, Julie ;
Rome n'est point sujette, ou mon fils est sans vie :
Je connais mieux mon sang, il sait mieux son devoir.

JULIE

Mille, de nos remparts, comme moi l'ont pu voir.
Il s'est fait admirer tant qu'ont duré ses frères ;
Mais, comme il s'est vu seul contre trois adversaires,
Près d'être enfermé d'eux, sa fuite l'a sauvé.

LE VIEIL HORACE

Et nos soldats trahis ne l'ont point achevé !
Dans leurs rangs à ce lâche ils ont donné retraite !

JULIE

Je n'ai rien voulu voir après cette défaite.

CAMILLE

O mes frères !

LE VIEIL HORACE

Tout beau, ne les pleurez pas tous ;
Deux jouissent d'un sort dont leur père est jaloux.
Que des plus nobles fleurs leur tombe soit couverte ;
La gloire de leur mort m'a payé de leur perte :
Ce bonheur a suivi leur courage invaincu,
Qu'ils ont vu Rome libre autant qu'ils ont vécu,
Et ne l'auront point vue obéir qu'à son prince,
Ni d'un État voisin devenir la province.
Pleurez l'autre, pleurez l'irréparable affront
Que sa fuite honteuse imprime à notre front ;

Pleurez le déshonneur de toute notre race,
Et l'opprobre éternel qu'il laisse au nom d'Horace.

JULIE

Que vouliez-vous qu'il fît contre trois ?

LE VIEIL HORACE

                                          Qu'il mourût
Ou qu'un beau désespoir alors le secourût.
N'eût-il que d'un moment reculé sa défaite,
Rome eût été du moins un peu plus tard sujette,
Il eût avec honneur laissé mes cheveux gris,
Et c'était de sa vie un assez digne prix.
Il est de tout son sang comptable à sa patrie ;
Chaque goutte épargnée a sa gloire flétrie ;
Chaque instant de sa vie, après ce lâche tour,
Met d'autant plus ma honte avec la sienne au jour.
J'en romprai bien le cours, et ma juste colère,
Contre un indigne fils usant des droits d'un père,
Saura bien faire voir, dans sa punition,
L'éclatant désaveu d'un telle action.

SABINE

Écoutez un peu moins ces ardeurs généreuses,
Et ne nous rendez point tout à fait malheureuses.

LE VIEIL HORACE

Sabine, votre cœur se console aisément ;
Nos malheurs jusqu'ici vous touchent faiblement.
Vous n'avez point encor de part à nos misères ;
Le ciel vous a sauvé votre époux et vos frères :
Si nous sommes sujets, c'est de votre pays :
Vos frères sont vainqueurs quand nos sommes trahis
Et, voyant le haut point où leur gloire se monte,
Vous regardez fort peu ce qui nous vient de honte.

Mais votre trop d'amour pour cet infâme époux
Vous donnera bientôt à plaindre (1) comme à nous
Vos pleurs en sa faveur sont de faibles défenses;
J'en atteste des dieux les suprêmes puissances,
Qu'avant ce jour fini, ces mains, ces propres mains
Laveront dans son sang la honte des Romains.

SABINE

Suivons-le promptement, la colère l'emporte (2).
Dieux! verrons-nous toujours des malheurs de la sorte?
Nous faudra-t-il toujours en craindre de plus grands,
Et toujours redouter la main de nos parents (3)?

ACTE QUATRIÈME

SCÈNE PREMIÈRE

LE VIEIL HORACE, CAMILLE

LE VIEIL HORACE

Ne me parlez jamais en faveur d'un infâme;
Qu'il me fuie à l'égal des frères de sa femme;
Pour conserver un sang qu'il tient si précieux
Il n'a rien fait encor s'il n'évite mes yeux.
Sabine y peut mettre ordre, ou derechef j'atteste
Le souverain pouvoir de la troupe céleste...

CAMILLE

Ah! mon père, prenez un plus doux sentiment;
Vous verrez Rome même en user autrement;

(1) C'est-à-dire : vous donnera sujet de vous plaindre.
(2) On dirait aujourd'hui : *de cette sorte*, ou *d'une telle sorte.*
(3) Ce dernier vers est de la plus grande beauté : non-seulement il dit ce dont il s'agit, mais il prépare ce qui doit suivre. (V.)

Et de quelque malheur que le ciel l'ait comblée,
Excuser la vertu sous le nombre accablée.

LE VIEIL HORACE

Le jugement de Rome est peu pour mon regard,
Camille; je suis père, et j'ai mes droits à part.
Je sais trop comme agit la vertu véritable :
C'est sans en triompher que le nombre l'accable ;
Et sa mâle vigueur, toujours en même point,
Succombe sous la force, et ne lui cède point.
Taisez-vous, et sachons ce que nous veut Valère.

SCÈNE II

LE VIEIL HORACE, VALÈRE, CAMILLE

VALÈRE

Envoyé par le roi pour consoler un père,
Et pour lui témoigner...

LE VIEIL HORACE

                    N'en prenez aucun soin :
C'est un soulagement dont je n'ai pas besoin ;
Et j'aime mieux voir morts que couverts d'infamie
Ceux que vient de m'ôter une main ennemie.
Tous deux pour leur pays sont morts en gens d'honneur;
Il me suffit.

VALÈRE

            Mais l'autre est un rare bonheur ;
De tous les trois chez vous il doit tenir la place.

LE VIEIL HORACE

Que n'a-t-on vu périr en lui le nom d'Horace!

VALÈRE

Seul vous le maltraitez après ce qu'il a fait.

LE VIEIL HORACE

C'est à moi seul aussi de punir son forfait.

VALÈRE

Quel forfait trouvez-vous en sa bonne conduite ?

LE VIEIL HORACE

Quel éclat de vertu trouvez-vous en sa fuite ?

VALÈRE

La fuite est glorieuse en cette occasion.

LE VIEIL HORACE

Vous redoublez ma honte et ma confusion :
Certes, l'exemple est rare et digne de mémoire,
De trouver dans la fuite un chemin à la gloire.

VALÈRE

Quelle confusion, et quelle honte à vous
D'avoir produit un fils qui nous conserve tous,
Qui fait triompher Rome, et lui gagne un empire ?
A quels plus grands honneurs faut-il qu'un père aspire ?

LE VIEIL HORACE

Quels honneurs, quel triomphe, et quel empire enfin
Lorsque Albe sous ses lois range notre destin ?

VALÈRE

Que parlez-vous ici d'Albe et de sa victoire ?
Ignorez-vous encor la moitié de l'histoire ?

LE VIEIL HORACE

Je sais que par sa fuite il a trahi l'Etat.

VALÈRE

Oui, s'il eût en fuyant terminé le combat ;
Mais on a bientôt vu qu'il ne fuyait qu'en homme
Qui savait ménager l'avantage de Rome.

LE VIEIL HORACE

Quoi, Rome donc triomphe ?

VALÈRE

Apprenez, apprenez
La valeur de ce fils qu'à tort vous condamnez. -
Resté seul contre trois, mais en cette aventure
Tous trois étant blessés, et lui seul sans blessure,
Trop faible pour eux tous, trop fort pour chacun d'eux,
Il sait bien se tirer d'un pas si hasardeux ;
Il fuit pour mieux combattre, et cette prompte ruse
Divise adroitement trois frères qu'elle abuse.
Chacun le suit d'un pas ou plus ou moins pressé,
Selon qu'il se rencontre ou plus ou moins blessé ;
Leur ardeur est égale à poursuivre sa fuite ;
Mais leurs coups inégaux séparent leur poursuite.
Horace, les voyant l'un de l'autre écartés,
Se retourne, et déjà les croit demi domptés :
Il attend le premier, et c'était votre gendre.
L'autre, tout indigné qu'il ait osé l'attendre,
En vain en l'attaquant fait paraître un grand cœur,
Le sang qu'il a perdu ralentit sa vigueur.
Albe à son tour commence à craindre un sort contraire,
Elle crie au second qu'il secoure son frère :
Il se hâte et s'épuise en efforts superflus ;
Il trouve en les joignant que son frère n'est plus.

CAMILLE

Hélas !

VALÈRE

Tout hors d'haleine il prend pourtant sa place
Et redouble bientôt la victoire d'Horace :

Son courage sans force est un débile appui ;
Voulant venger son frère, il tombe auprès de lui.
L'air résonne des cris qu'au ciel chacun envoie ;
Albe en jette d'angoisse, et les Romains de joie.
Comme notre héros se voit près d'achever,
C'est peu pour lui de vaincre, il veut encor braver :
« J'en viens d'immoler deux aux mânes de mes
[frères ;
« Rome aura le dernier de mes trois adversaires,
« C'est à ses intérêts que je vais l'immoler, »
Dit-il ; et tout d'un temps on le voit y voler.
La victoire entre eux deux n'était pas incertaine ;
L'Albain percé de coups ne se traînait qu'à peine,
Et, comme une victime aux marches de l'autel,
Il semblait présenter sa gorge au coup mortel :
Aussi le reçoit-il, peu s'en faut, sans défense,
Et son trépas de Rome établit la puissance.

LE VIEIL HORACE

O mon fils ! ô ma joie ! ô l'honneur de nos jours !
O d'un État penchant l'inespéré secours !
Vertu digne de Rome, et sang digne d'Horace !
Appui de ton pays, et gloire de ta race !
Quand pourrai-je étouffer dans tes embrassements
L'erreur dont j'ai formé de si faux sentiments ?
Quand pourra mon amour baigner avec tendresse
Ton front victorieux de larmes d'allégresse ?

VALÈRE

Vos caresses bientôt pourront se déployer ;
Le roi dans un moment vous le va renvoyer,
Et remet à demain la pompe qu'il prépare
D'un sacrifice aux dieux pour un bonheur si rare ;
Aujourd'hui seulement on s'acquitte vers eux
Par des chants de victoire et par de simples vœux.

C'est où le roi le mène (1), et tandis (2) il m'envoie
Faire office vers vous de douleur et de joie (3);
Mais cet office encor n'est pas assez pour lui;
Il y viendra lui-même, et peut-être aujourd'hui :
Il croit mal reconnaître une vertu si pure,
Si de sa propre bouche il ne vous en assure,
S'il ne vous dit chez vous combien vous doit l'État.

LE VIEIL HORACE

De tels remercîments ont pour moi trop d'éclat,
Et je me tiens déjà trop payé par les vôtres
Du service d'un fils, et du sang des deux autres.

VALÈRE

Il ne sait ce que c'est d'honorer à demi;
Et son sceptre arraché des mains de l'ennemi
Fait qu'il tient cet honneur qu'il lui plaît de vous faire
Au-dessous du mérite et du fils et du père.
Je vais lui témoigner quels nobles sentiments
La vertu vous inspire en tous vos mouvements,
Et combien vous montrez d'ardeur pour son service.

LE VIEIL HORACE

Je vous devrai beaucoup pour un si bon office (4).

(1) *Mener à des chants et à des vœux*, n'est ni noble ni juste;
mais le récit de Valère a été si beau, qu'on pardonne aisément
ces petites fautes. (V.)

(2) Pendant ce temps-là.

(3) *Faire office de douleur* n'est plus français, et je ne sais
s'il l'a jamais été : on dit familièrement, *faire office d'ami,
office de serviteur, office d'homme intéressé ;* mais non *office
de douleur et de joie.* (V.)

(4) Ici la pièce est finie, l'action est complétement terminée.
Il s'agissait de la victoire, et elle est remportée ; du destin de
Rome, et il est décidé. (V.)

SCÈNE III

LE VIEIL HORACE, CAMILLE

LE VIEIL HORACE

Ma fille, il n'est plus temps de répandre des pleurs.
Il sied mal d'en verser où l'on voit tant d'honneurs :
On pleure injustement des pertes domestiques,
Quand on en voit sortir des victoires publiques,
Rome triomphe d'Albe, et c'est assez pour nous ;
Tous nos maux à ce prix doivent nous être doux.
En la mort d'un amant vous ne perdez qu'un homme,
Dont la perte est aisée à réparer dans Rome ;
Après cette victoire, il n'est point de Romain
Qui ne soit glorieux de vous donner la main.
Il me faut à Sabine en porter la nouvelle ;
Ce coup sera sans doute assez rude pour elle,
Et ses trois frères morts par la main d'un époux
Lui donneront des pleurs bien plus justes qu'à vous (1) ;
Mais j'espère aisément en dissiper l'orage,
Et qu'un peu de prudence, aidant son grand courage,
Fera bientôt régner sur un si noble cœur
Le généreux amour qu'elle doit au vainqueur.
Cependant étouffez cette lâche tristesse ;
Recevez-le, s'il vient, avec moins de faiblesse ;
Faites-vous voir sa sœur, et qu'en un même flanc
Le ciel vous a tous deux formés d'un même sang (2).

(1) *Lui donneront des pleurs justes* n'est pas français. C'est
Sabine qui lui donnera des pleurs ; ce ne sont pas ses frères
morts qui lui en donneront. Un accident fait couler des pleurs,
et ne les donne pas. (V.)

(2) *Faites-vous voir... et qu'en...* est un solécisme, parce que
faites-vous voir signifie *montrez-vous, soyez sa sœur, montrez-vous, soyez, paraissez*, ne peut régir un *que*.
Ajoutez qu'après lui avoir dit *faites-vous voir sa sœur*, il
est très-superflu de dire qu'elle est sortie du même flanc. (V.)

SCÈNE IV

CAMILLE

Oui, je lui feraı voir, par d'infaillibles marques,
Qu'un véritable amour brave la main des Parques,
Et ne prend point de lois de ces cruels tyrans
Qu'un astre injurieux nous donne pour parents.
Tu blâmes ma douleur, tu l'oses nommer lâche;
Je l'aime d'autant plus que plus elle te fâche,
Impitoyable père, et par un juste effort
Je la veux rendre égale aux rigueurs de mon sort.
En vit-on jamais un dont les rudes traverses
Prissent en moins de rien tant de faces diverses?
Qui fût doux tant de fois, et tant de fois cruel,
Et portât tant de coups avant le coup mortel?
Vit-on jamais une âme en un jour plus atteinte
De joie et de douleur, d'espérance et de crainte,
Asservie en esclave à plus d'événements,
Et le piteux jouet de plus de changements?
Un oracle m'assure, un songe me travaille (1);
La paix calme l'effroi que me fait la bataille;
Mon hymen se prépare, et presque en un moment
Pour combattre mon frère on choisit mon amant;
Ce choix me désespère, et tous le désavouent,
La partie est rompue, et les dieux la renouent;
Rome semble vaincue, et, seul des trois Albains,
Curiace en mon sang n'a point trempé ses mains.
O dieux! sentais-je alors des douleurs trop légères
Pour le malheur de Rome et la mort de deux frères?
Et me flattais-je trop quand je croyais pouvoir
L'aimer encor sans crime et nourrir quelque espoir?

1) Me rassure. Signification ancienne.
Racine a dit :
   Princesse, *assurez-vous* ; je les prends sous ma garde

Sa mort m'en punit bien, et la façon cruelle
Dont mon âme éperdue en reçoit la nouvelle;
Son rival me l'apprend, et, faisant à mes yeux
D'un si triste succès le récit odieux,
Il porte sur le front une allégresse ouverte,
Que le bonheur public fait bien moins que ma perte
Et, bâtissant en l'air sur le malheur d'autrui,
Aussi bien que mon frère il triomphe de lui.
Mais ce n'est rien encore au prix de ce qui reste :
On demande ma joie en un jour si funeste ;
Il me faut applaudir aux exploits du vainqueur,
Et baiser une main qui me perce le cœur.
En un sujet de pleurs si grand, si légitime,
Se plaindre est une honte, et soupirer un crime ;
Leur brutale vertu veut qu'on s'estime heureux,
Et si l'on n'est barbare on n'est point généreux.
Dégénérons, mon cœur, d'un si vertueux père (1) :
Soyons indigne sœur d'un si généreux frère :
C'est gloire de passer pour un cœur abattu,
Quand la brutalité fait la haute vertu.
Éclatez, mes douleurs ; à quoi bon vous contraindre ?
Quand on a tout perdu, que saurait-on plus craindre ?
Pour ce cruel vainqueur n'ayez point de respect ;
Loin d'éviter ses yeux, croissez à son aspect ;
Offensez sa victoire, irritez sa colère,
Et prenez, s'il se peut, plaisir à lui déplaire.
Il vient, préparons-nous à montrer constamment
Ce que doit une amante à la mort d'un amant.

(1) Ce *dégénérons, mon cœur*, cette résolution de se mettre
en colère, ce long discours, cette nouvelle sentence mal expri-
mée, que *c'est gloire de passer pour un cœur abattu*, enfin tout
refroidit, tout glace le lecteur, qui ne souhaite plus rien. C'est,
encore une fois, la faute du sujet. L'aventure des Horaces, des
Curiaces, et de Camille, est plus propre en effet pour l'histoire
que pour le théâtre. On ne peut trop honorer Corneille, qui a
senti ce défaut, et qui en parle dans son Examen avec la candeur
d'un grand homme. (V.)

SCÈNE V

HORACE, CAMILLE, PROCULE

(Procule porte en sa main les trois épées des Curiaces.)

HORACE

Ma sœur, voici le bras qui venge nos deux frères,
Le bras qui rompt le cours de nos destins contraires,
Qui nous rend maîtres d'Albe; enfin voici le bras
Qui seul fait aujourd'hui le sort de deux États.
Vois ces marques d'honneur, ces témoins de ma gloire,
Et rends ce que tu dois à l'heur de ma victoire.

CAMILLE

Recevez donc mes pleurs, c'est ce que je lui dois.

HORACE

Rome n'en veut point voir après de tels exploits,
Et nos deux frères morts dans le malheur des armes
Sont trop payés de sang pour exiger des larmes :
Quand la perte est vengée, on n'a plus rien perdu.

CAMILLE

Puisqu'ils sont satisfaits par le sang épandu,
Je cesserai pour eux de paraître affligée,
Et j'oublierai leur mort, que vous avez vengée;
Mais qui me vengera de celle d'un amant,
Pour me faire oublier sa perte en un moment?

HORACE

Que dis-tu, malheureuse?

CAMILLE

        O mon cher Curiace.

HORACE

O d'une indigne sœur insupportable audace (1) !
D'un ennemi public dont je reviens vainqueur
Le nom est dans ta bouche et l'amour dans ton cœur (2,!
Ton ardeur criminelle à la vengeance aspire?
Ta bouche la demande et ton cœur la respire?
Suis moins ta passion, règle mieux tes désirs,
Ne me fais plus rougir d'entendre tes soupirs :
Tes flammes désormais doivent être étouffées;
Bannis-les de ton âme, et songe à mes trophées;
Qu'ils soient dorénavant ton unique entretien.

CAMILLE

Donne-moi donc, barbare, un cœur comme le tien :
Et, si tu veux enfin que je t'ouvre mon âme,
Rends-moi mon Curiace, ou laisse agir ma flamme;
Ma joie et mes douleurs dépendaient de son sort ;
Je l'adorais vivant, et je le pleure mort,
Ne cherche plus ta sœur où tu l'avais laissée ;
Tu ne revois en moi qu'une amante offensée,
Qui, comme une furie attachée à tes pas,
Te veut incessamment reprocher son trépas.
Tigre altéré de sang, qui me défends les larmes,
Qui veux que dans sa mort je trouve encor des charmes,

(1) Observez que la colère du vieil Horace contre son fils était très-intéressante, et que celle de son fils contre sa sœur est révoltante et sans aucun intérêt. C'est que la colère du vieil Horace supposait le malhenr de Rome; au lieu que le eune Horace ne se met en colère que contre une femme qui pleure et qui crie, et qu'il faut laisser crier et pleurer. Cela est historique, oui; mais cela n'est nullement tragique, nullement théâtral. (V.)

(2) Le reproche est évidemment injuste. Horace lui-même devait plaindre Curiace : c'est son beau-frère; il n'y a plus d'ennemis, les deux peuples n'en font plus qu'un. Il a dit lui-même, au second acte, qu'*il aurait voulu racheter de sa vie e sang de Curiace.* (V.)

Et que, jusques au ciel élevant tes exploits,
Moi-même je le tue une seconde fois !
Puissent tant de malheurs accompagner ta vie,
Que tu tombes au point de me porter envie !
Et toi bientôt souiller par quelque lâcheté
Cette gloire si chère à ta brutalité !

HORACE

O ciel ! qui vit jamais une pareille rage !
Crois-tu donc que je sois insensible à l'outrage,
Que je souffre en mon sang ce mortel déshonneur ?
Aime, aime cette mort qui fait notre bonheur,
Et préfère du moins au souvenir d'un homme
Ce que doit ta naissance aux intérêts de Rome.

CAMILLE

Rome, l'unique objet de mon ressentiment (1) !
Rome, à qui vient ton bras d'immoler mon amant !
Rome qui t'a vu naître, et que ton cœur adore !
Rome enfin que je hais parce qu'elle t'honore !
Puissent tous ses voisins ensemble conjurés
Saper ses fondements encor mal assurés !
Et, si ce n'est assez de toute l'Italie,
Que l'Orient contre elle à l'Occident s'allie ;
Que cent peuples unis des bouts de l'univers
Passent pour la détruire et les monts et les mers !

(1) L'imprécation de Camille a toujours passé pour la plus
belle qu'il y ait au théâtre, et le génie de Corneille se fait sentir
dans toute sa vigueur. Camille doit s'emporter contre Rome,
parce que son frère n'oppose à ses douleurs que l'intérêt de
Rome, et que c'est à ce grand intérêt qu'il se vante d'immoler
Curiace : l'excès de la passion, d'ailleurs, ne raisonne pas, et si
l'emportement de Camille avait moins de violence, la férocité
d'Horace serait révoltante. Il fallait amener ce trait de barbarie
consacré par l'histoire, et Corneille n'avait que ce moyen de le
rendre supportable. (Palissot.)

Qu'elle-même sur soi renverse ses murailles,
Et de ses propres mains déchire ses entrailles ;
Que le courroux du ciel allumé par mes vœux
Fasse pleuvoir sur elle un déluge de feux ?
Puissé-je de mes yeux y voir tombé ce foudre,
Voir ses maisons en cendre, et tes lauriers en poudre,
Voir le dernier Romain à son dernier soupir,
Moi seule en être cause, et mourir de plaisir !

HORACE, mettant l'épée à la main et poursuivant sa sœur,
qui s'enfuit.

C'est trop, ma patience à la raison fait place ;
Va dedans les enfers plaindre ton Curiace !

CAMILLE, blessée, derrière le théâtre.

Ah, traître !

HORACE, revenant sur le théâtre.

Ainsi reçoive un châtiment soudain
Quiconque ose pleurer un ennemi romain !

SCÈNE VI

HORACE, PROCULE

PROCULE

Que venez-vous de faire (1) ?

(1) Cette scène a toujours paru dure et révoltante. Aristote
remarque que la plus froide des catastrophes est celle dans laquelle on commet de sang-froid une action atroce qu'on a voulu
commettre. Addison, dans son *Spectateur*, dit que ce meurtre
de Camille est d'autant plus révoltant, qu'il semble commis de
sang-froid, et qu'Horace traversant tout le théâtre pour aller
poignarder sa sœur, avait tout le temps de la réflexion. Le public éclairé ne peut jamais souffrir un meurtre, à moins qu'il ne
soit absolument nécessaire, ou que le meurtrier n'ait les plus
violents remords. (V.)

HORACE

Un acte de justice ;
Un semblable forfait veut un pareil supplice.

PROCULE

Vous deviez la traiter avec moins de rigueur.

HORACE

Ne me dis point qu'elle est et mon sang et ma sœur.
Mon père ne peut plus l'avouer pour sa fille :
Qui maudit son pays renonce à sa famille ;
Des noms si pleins d'amour ne lui sont plus permis ;
De ses plus chers parents il fait ses ennemis ;
Le sang même les arme en haine de son crime.
La plus prompte vengeance en est plus légitime ;
Et ce souhait impie, encore qu'impuissant,
Est un monstre qu'il faut étouffer en naissant.

SCÈNE VII

SABINE, HORACE, PROCULE

SABINE

A quoi s'arrête ici ton illustre colère ?
Viens voir mourir ta sœur dans les bras de ton père ;
Viens repaître tes yeux d'un spectacle si doux :
Ou, si tu n'es point las de ces généreux coups,
Immole au cher pays des vertueux Horaces
Ce reste malheureux du sang des Curiaces.
Si prodigue du tien, n'épargne pas le leur ;
Joins Sabine à Camille, et ta femme à ta sœur ;
Nos crimes sont pareils, ainsi que nos misères ;
Je soupire comme elle, et déplore mes frères :

Plus coupable en ce point contre tes dures lois
Qu'elle n'en pleurait qu'un, et que j'en pleure trois,
Qu'après son châtiment ma faute continue.

HORACE

Sèche tes pleurs, Sabine, ou les cache à ma vue.
Rends-toi digne du nom de ma chaste moitié,
Et ne m'accable point d'une indigne pitié.
Si l'absolu pouvoir d'une pudique flamme
Ne nous laisse à tous deux qu'un penser et qu'une âme,
C'est à toi d'élever tes sentiments aux miens,
Non à moi de descendre à la honte des tiens.
Je t'aime, et je connais la douleur qui te presse ;
Embrasse ma vertu pour vaincre ta faiblesse,
Participe à ma gloire au lieu de la souiller,
Tâche à t'en revêtir, non à m'en dépouiller.
Es-tu de mon honneur si mortelle ennemie,
Que je te plaise mieux couvert d'une infamie ?
Sois plus femme que sœur, et, te réglant sur moi,
Fais-toi de mon exemple une immuable loi.

SABINE

Cherche pour t'imiter des âmes plus parfaites.
Je ne t'impute point les pertes que j'ai faites,
J'en ai les sentiments que je dois en avoir,
Et je m'en prends au sort plutôt qu'à ton devoir ;
Mais enfin je renonce à la vertu romaine,
Si pour la posséder je dois être inhumaine,
Et ne puis voir en moi la femme du vainqueur
Sans y voir des vaincus la déplorable sœur.
Prenons part en public aux victoires publiques,
Pleurons dans la maison nos malheurs domestiques,
Et ne regardons point des biens communs à tous,
Quand nous voyons des maux qui ne sont que pour
[nous.

Pourquoi veux-tu, cruel, agir d'une autre sorte?
Laisse en entrant ici tes lauriers à la porte,
Mêle tes pleurs aux miens. Quoi! ces lâches discours
N'arment point ta vertu contre mes tristes jours?
Mon crime redoublé n'émeut point ta colère?
Que Camille est heureuse! elle a pu te déplaire;
Elle a reçu de toi ce qu'elle a prétendu,
Et recouvre là-bas tout ce qu'elle a perdu.
Cher époux, cher auteur du tourment qui me presse,
Ecoute la pitié, si ta colère cesse;
Exerce l'une ou l'autre, après de tels malheurs,
A punir ma faiblesse, ou finir mes douleurs :
Je demande la mort pour grâce ou pour supplice;
Qu'elle soit un effet d'amour ou de justice,
N'importe; tous ses traits n'auront rien que de doux,
Si je les vois partir de la main d'un époux.

HORACE

Quelle injustice aux dieux d'abandonner aux femmes
Un empire si grand sur les plus belles âmes,
Et de se plaire à voir de si faibles vainqueurs
Régner si puissamment sur les plus nobles cœurs!
A quel point ma vertu devient-elle réduite(1)!
Rien ne la saurait plus garantir que la fuite.
Adieu. Ne me suis point, ou retiens tes soupirs.

SABINE, seule.

O colère, ô pitié, sourdes à mes désirs,
Vous négligez mon crime, et ma douleur vous lasse,
Et je n'obtiens de vous ni supplice ni grâce!
Allons-y par nos pleurs faire encore un effort.
Et n'employons après que nous à notre mort.

---

1) *Devient réduite* n'est pas français. On devient malheureux, hardi, timide, etc.; mais on ne devient pas *forcé à, réduit à.* (V.)

ACTE CINQUIÈME

SCÈNE PREMIÈRE

LE VIEIL HORACE, HORACE

LE VIEIL HORACE

Retirons nos regards de cet objet funeste,
Pour admirer ici le jugement céleste :
Quand la gloire nous enfle, il sait bien comme il faut
Confondre notre orgueil qui s'élève trop haut :
Nos plaisirs les plus doux ne vont point sans tristesse ;
Il mêle à nos vertus des marques de faiblesse,
Et rarement accorde à notre ambition
L'entier et pur honneur d'une bonne action.
Je ne plains point Camille ; elle était criminelle ;
Je me tiens plus à plaindre, et je te plains plus qu'elle ;

(1) Corneille dans son jugement sur *Horace*, s'exprime ainsi :
*Tout ce cinquième acte est encore une des causes du peu de
satisfaction que laisse cette tragédie ; il est tout en plaidoyers*, etc. Après un si noble aveu, il ne faut parler de la
pièce que pour rendre hommage au génie d'un homme assez
grand pour se condamner lui-même. Si j'ose ajouter quelque
chose, c'est qu'on trouvera de beaux détails dans ces plaidoyers.
Il est vrai que cette pièce n'est pas régulière, qu'il y a en effet
trois tragédies absolument distinctes : la victoire d'Horace, la
mort de Camille, et le procès d'Horace. C'est imiter, en quelqu'
façon, le défaut qu'on reproche à la scène anglaise et à l'espagnole ; mais les scènes d'Horace, de Curiace, et du vieil Horace, sont d'une si grande beauté, qu'on reverra toujours ce
poëme avec plaisir, quand il se trouvera des acteurs qui auront
assez de talent pour faire sentir ce qu'il y a d'excellent, et faire
pardonner ce qu'il y a de défectueux. (V.)

Moi d'avoir mis au jour un cœur si peu romain ;
Toi, d'avoir par sa mort déshonoré ta main.
Je ne la trouve point injuste ni trop prompte ;
Mais tu pouvais, mon fils, t'en épargner la honte :
Son crime, quoique énorme et digne du trépas,
Était mieux impuni que puni par ton bras.

HORACE

Disposez de mon sang, les lois vous en font maître
J'ai cru devoir le sien aux lieux qui m'ont vu naître.
Si dans vos sentiments mon zèle est criminel,
S'il m'en faut recevoir un reproche éternel,
Si ma main en devient honteuse et profanée,
Vous pouvez d'un seul mot trancher ma destinée :
Reprenez tout ce sang de qui ma lâcheté
A si brutalement souillé la pureté.
Ma main n'a pu souffrir de crime en votre race ;
Ne souffrez point de tache en la maison d'Horace.
C'est en ces actions dont l'honneur est blessé
Qu'un père tel que vous se montre intéressé :
Son amour doit se taire où toute excuse est nulle,
Lui-même il y prend part lorsqu'il les dissimule ;
Et de sa propre gloire il fait trop peu de cas
Quand il ne punit point ce qu'il n'approuve pas.

LE VIEIL HORACE

Il n'use pas toujours d'une rigueur extrême ;
Il épargne ses fils bien souvent pour soi-même ;
Sa vieillesse sur eux aime à se soutenir,
Et ne les punit point de peur de se punir.
Je te vois d'un autre œil que tu ne te regardes ;
Je sais... Mais le roi vient, je vois entrer ses gardes.

SCÈNE II

TULLE, VALÈRE, LE VIEIL HORACE, HORACE, TROUPE
DE GARDES

LE VIEIL HORACE

Ah ! sire, un tel honneur a trop d'excès pour moi ;
Ce n'est point en ce lieu que je dois voir mon roi :
Permettez qu'à genoux...

TULLE

           Non, levez-vous, mon père.
Je fais ce qu'en ma place un bon prince doit faire.
Un si rare service et si fort important
Veut l'honneur le plus rare et le plus éclatant.
    (Montrant Valère.)
Vous en aviez déjà sa parole pour gage ;
Je ne l'ai pas voulu différer davantage.
J'ai su par son rapport, et je n'en doutais pas,
Comme de vos deux fils vous portez le trépas,
Et que, déjà votre âme étant trop résolue,
Ma consolation vous serait superflue :
Mais je viens de savoir quel étrange malheur
D'un fils victorieux a suivi la valeur,
Et que son trop d'amour pour la cause publique,
Par ses mains, à son père ôte une fille unique.
Ce coup est un peu rude à l'esprit le plus fort ;
Et je doute comment vous portez cette mort.

LE VIEIL HORACE

Sire, avec déplaisir, mais avec patience.

TULLE

C'est l'effet vertueux de votre expérience.
Beaucoup par un long âge ont appris comme vous
Que le malheur succède au bonheur le plus doux :

Peu savent comme vous s'appliquer ce remède,
Et dans leur intérêt toute leur vertu cède.
Si vous pouvez trouver dans ma compassion
Quelque soulagement pour votre affliction,
Ainsi que votre mal sachez qu'elle est extrême,
Et que je vous en plains autant que je vous aime.

VALÈRE

Sire, puisque le ciel entre les mains des rois
Dépose sa justice et la force des lois,
Et que l'État demande aux princes légitimes
Des prix pour les vertus, des peines pour les crimes,
Souffrez qu'un bon sujet vous fasse souvenir
Que vous plaignez beaucoup ce qu'il vous faut punir.
Souffrez...

LE VIEIL HORACE

Quoi! qu'on envoie un vainqueur au supplice

TULLE

Permettez qu'il achève, et je ferai justice ;
J'aime à la rendre à tous, à toute heure, en tout lieu ;
C'est par elle qu'un roi se fait un demi-dieu;
Et c'est dont je vous plains, qu'après un tel service
On puisse contre lui me demander justice.

VALÈRE

Souffrez donc, ô grand roi, le plus juste des rois,
Que tous les gens de bien vous parlent par ma voix :
Non que nos cœurs jaloux de ses honneurs s'irritent;
S'il en reçoit beaucoup, ses hauts faits le méritent;
Ajoutez-y plutôt que d'en diminuer,
Nous sommes tous encor prêts d'y contribuer :
Mais, puisque d'un tel crime il s'est montré capable,
Qu'il triomphe en vainqueur, et périsse en coupable.

Arrêtez sa fureur, et sauvez de ses mains,
Si vous voulez régner, le reste des Romains :
Il y va de la perte ou du salut du reste.
La guerre avait un cours si sanglant, si funeste,
Et les nœuds de l'hymen, durant nos bons destins,
Ont tant de fois uni des peuples si voisins,
Qu'il est peu de Romains que le parti contraire
N'intéresse en la mort d'un gendre ou d'un beau-
[frère,
Et qui ne soient forcés de donner quelques pleurs,
Dans le bonheur public, à leurs propres malheurs.
Si c'est offenser Rome, et que l'heur de ses armes
L'autorise à punir ce crime de nos larmes,
Quel sang épargnera ce barbare vainqueur,
Qui ne pardonne pas à celui de sa sœur,
Et ne peut excuser cette douleur pressante
Que la mort d'un amant jette au cœur d'une amante,
Quand, près d'être éclairés du nuptial flambeau,
Elle voit avec lui son espoir au tombeau ?
Faisant triompher Rome, il se l'est asservie;
Il a sur nous un droit et de mort et de vie ;
Et nos jours criminels ne pourront plus durer,
Qu'autant qu'à sa clémence il plaira l'endurer.
Je pourrais ajouter aux intérêts de Rome,
Combien un pareil coup est indigne d'un homme;
Je pourrais demander qu'on mît devant vos yeux
Ce grand et rare exploit d'un bras victorieux :
Vous verriez un beau sang, pour accuser sa rage,
D'un frère si cruel rejaillir au visage :
Vous verriez des horreurs qu'on ne peut concevoir;
Son âge et sa beauté vous pourraient émouvoir :
Mais je hais ces moyens qui sentent l'artifice.
Vous avez à demain remis le sacrifice :
Pensez-vous que les dieux, vengeurs des innocents,
D'une main parricide acceptent de l'encens?
Sur vous ce sacrilége attirerait sa peine ;
Ne le considérez qu'en objet de leur haine ;

Et croyez avec nous qu'en tous ses trois combats
Le bon destin de Rome a plus fait que son bras,
Puisque ces mêmes dieux, auteurs de sa victoire,
Ont permis qu'aussitôt il en souillât la gloire,
Et qu'un si grand courage, après ce noble effort,
Fût digne en même jour de triomphe et de mort.
Sire, c'est ce qu'il faut que votre arrêt décide.
En ce lieu Rome a vu le premier parricide;
La suite en est à craindre, et la haine des cieux :
Sauvez-nous de sa main, et redoutez les dieux.

TULLE

Défendez-vous, Horace.

HORACE

    A quoi bon me défendre ?
Vous savez l'action, vous la venez d'entendre ;
Ce que vous en croyez me doit être une loi.
Sire, on se défend mal contre l'avis d'un roi ;
Et le plus innocent devient soudain coupable,
Quand aux yeux de son prince il paraît condamnable.
C'est crime qu'envers lui se vouloir excuser :
Notre sang est son bien, il en peut disposer :
Et c'est à nous de croire, alors qu'il en dispose,
Qu'il ne s'en prive pas sans une juste cause.
Sire, prononcez donc, je suis prêt d'obéir.
D'autres aiment la vie, et je la dois haïr.
Je ne reproche point à l'ardeur de Valère
Qu'en amant de la sœur il accuse le frère :
Mes vœux avec les siens conspirent aujourd'hui :
Il demande ma mort, je la veux comme lui.
Un seul point entre nous met cette différence,
Que mon honneur par là cherche son assurance.
Et qu'à ce même but nous voulons arriver,
Lui pour flétrir ma gloire, et moi pour la sauver.
Sire, c'est rarement qu'il s'offre une matière
A montrer d'un grand cœur la vertu tout entière.

Suivant l'occasion elle agit plus ou moins,
Et paraît forte ou faible aux yeux de ses témoins.
Le peuple, qui voit tout seulement par l'écorce,
S'attache à son effet pour juger de sa force ;
Il veut que ses dehors gardent un même cours,
Qu'ayant fait un miracle, elle en fasse toujours :
Après une action pleine, haute, éclatante,
Tout ce qui brille moins remplit mal son attente :
Il veut qu'on soit égal en tous temps, en tous
[lieux ;
Il n'examine point si lors on pouvait mieux,
Ni que, s'il ne voit pas sans cesse une merveille,
L'occasion est moindre, et la vertu pareille :
Son injustice accable et détruit les grands noms ;
L'honneur des premiers faits se perd dans les seconds ;
Et quand la renommée a passé l'ordinaire,
Si l'on n'en veut déchoir, il faut ne plus rien faire.
Je ne vanterai point les exploits de mon bras ;
Votre majesté, sire, a vu mes trois combats :
Il est bien malaisé qu'un pareil les seconde,
Qu'une autre occasion à celle-ci réponde,
Et que tout mon courage, après de si grands coups,
Parvienne à des succès qui n'aillent au-dessous ;
Si bien que, pour laisser une illustre mémoire,
La mort seule aujourd'hui peut conserver ma gloire :
Encor la fallait-il sitôt que j'eus vaincu,
Puisque pour mon honneur j'ai déjà trop vécu,
Un homme tel que moi voit sa gloire ternie,
Quand il tombe en péril de quelque ignominie :
Et ma main aurait su déjà m'en garantir :
Mais sans votre congé mon sang n'ose sortir ;
Comme il vous appartient, votre aveu doit se prendre ;
C'est vous le dérober qu'autrement le répandre.
Rome ne manque point de généreux guerriers ;
Assez d'autres sans moi soutiendront vos lauriers ;
Que votre majesté désormais m'en dispense :
Et si ce que j'ai fait vaut quelque récompense,

Permettez, ô grand roi que de ce bras vainqueur
Je m'immole à ma gloire, et non pas à ma sœur.

SCÈNE III

TULLE, VALÈRE, LE VIEIL HORACE, HORACE, SABINE

SABINE

Sire, écoutez Sabine; et voyez dans son âme
Les douleurs d'une sœur, et celles d'une femme
Qui, toute désolée, à vos sacrés genoux,
Pleure pour sa famille et craint pour son époux.
Ce n'est pas que je veuille avec cet artifice
Dérober un coupable au bras de la justice;
Quoi qu'il ait fait pour vous, traitez-le comme tel,
Et punissez en moi ce noble criminel;
De mon sang malheureux expiez tout son crime :
Vous ne changerez point pour cela de victime;
Ce n'en sera point prendre une injuste pitié,
Mais en sacrifier la plus chère moitié.
Les nœuds de l'hyménée, et son amour extrême,
Font qu'il vit plus en moi qu'il ne vit en lui-même,
Et si vous m'accordez de mourir aujourd'hui,
Il mourra plus en moi qu'il ne mourrait en lui (1);
La mort que je demande, et qu'il faut que j'obtienne,
Augmentera sa peine, et finira la mienne.
Sire, voyez l'excès de mes tristes ennuis.
Et l'effroyable état où mes jours sont réduits.
Quelle horreur d'embrasser un homme dont l'épée
De toute ma famille a la trame coupée !.

(1) Ces subtilités de Sabine, dit Voltaire, jettent un froid sur
cette scène. On est las de voir une femme qui a toujours
eu une douleur étudiée, qui a proposé à Horace de la tuer afin
que Curiace la vengeât, et qui maintenant veut qu'on la fasse
mourir pour Horace, parce que *Horace vit en elle.*

Et quelle impiété de haïr un époux
Pour avoir bien servi les siens, l'État, et vous !
Aimer un bras souillé du sang de tous mes frères !
N'aimer pas un mari qui finit nos misères !
Sire, délivrez-moi, par un heureux trépas,
Des crimes de l'aimer et de ne l'aimer pas ;
J'en nommerai l'arrêt une faveur bien grande.
Ma main peut me donner ce que je vous demande ;
Mais ce trépas enfin me sera bien plus doux,
Si je puis de sa honte affranchir mon époux ;
Si je puis par mon sang apaiser la colère
Des dieux qu'a pu fâcher sa vertu trop sévère,
Satisfaire, en mourant, aux mânes de sa sœur,
Et conserver à Rome un si bon défenseur.

LE VIEIL HORACE

Sire, c'est donc à moi de répondre à Valère.
Mes enfants avec lui conspirent contre un père ;
Tous trois veulent me perdre, et s'arment sans raison,
Contre si peu de sang qui reste en ma maison.
    (A Sabine.)
Toi, qui, par des douleurs à ton devoir contraires,
Veux quitter un mari pour rejoindre tes frères,
Va plutôt consulter leurs mânes généreux ;
Ils sont morts, mais pour Albe, et s'en tiennent heu-
                               [reux.
Puisque le ciel voulait qu'elle fût asservie,
Si quelque sentiment demeure après la vie,
Ce malheur semble moindre, et moins rudes ses coups,
Voyant que tout l'honneur en retombe sur nous ;
Tous trois désavoueront la douleur qui te touche,
Les larmes de tes yeux, les soupirs de ta bouche,
L'horreur que tu fais voir d'un mari vertueux (1).
Sabine, sois leur sœur, suis ton devoir comme eux.

(1) Sabine, qui veut mourir pour Horace, n'a point montré
d'horreur pour lui.

(Au roi.)

Contre ce cher époux Valère en vain s'anime :
Un premier mouvement ne fut jamais un crime :
Et la louange est due, au lieu du châtiment,
Quand la vertu produit ce premier mouvement.
Aimer nos ennemis avec idolâtrie,
De rage en leur trépas maudire la patrie,
Souhaiter à l'Etat un malheur infini,
C'est ce qu'on nomme crime, et ce qu'il a puni.
Le seul amour de Rome a sa main animée ;
Il serait innocent s'il l'avait moins aimée.
Qu'ai-je dit, sire ? il l'est, et ce bras paternel
L'aurait déjà puni s'il était criminel;
J'aurais su mieux user de l'entière puissance
Que me donnent sur lui les droits de la naissance;
J'aime trop l'honneur, sire, et ne suis point de rang
A souffrir ni d'affront ni de crime en mon sang.
C'est dont je ne veux point de témoin que Valère :
Il a vu quel accueil lui gardait ma colère,
Lorsque, ignorant encor la moitié du combat,
Je croyais que sa fuite avait trahi l'Etat.
Qui le fait se charger des soins de ma famille ?
Qui le fait, malgré moi, vouloir venger ma fille ?
Et par quelle raison, dans son juste trépas,
Prend-il un intérêt qu'un père ne prend pas?
On craint qu'après sa sœur il n'en maltraite d'autres
Sire, nous n'avons part qu'à la honte des nôtres,
Et de quelque façon qu'un autre puisse agir,
Qui ne nous touche point ne nous fait point rougir.

(A Valère.)

Tu peux pleurer, Valère, et même aux yeux d'Horace;
Il ne prend intérêt qu'aux crimes de sa race :
Qui n'est point de son sang ne peut faire d'affront
Aux lauriers immortels qui lui ceignent le front.
Lauriers, sacrés rameaux qu'on veut réduire en poudre,
Vous qui mettez sa tête à couvert de la foudre,

L'abandonnerez-vous à l'infâme couteau
Qui fait choir les méchants sous la main d'un bour-
                                        [reau ?
Romains, souffrirez-vous qu'on vous immole un homme
Sans qui Rome aujourd'hui cesserait d'être Rome,
Et qu'un Romain s'efforce à tacher le renom
D'un guerrier à qui tous doivent un si beau nom ?
Dis, Valère, dis-nous, si tu veux qu'il périsse,
Où tu penses choisir un lieu pour son supplice :
Sera-ce entre ces murs que mille et mille voix
Font résonner encor du bruit de ses exploits ?
Sera-ce hors des murs, au milieu de ces places
Qu'on voit fumer encor du sang des Curiaces,
Entre leurs trois tombeaux, et dans ce champ d'honneur
Témoin de sa vaillance et de notre bonheur ?
Tu ne saurais cacher sa peine à sa victoire ;
Dans les murs, hors des murs, tout parle de sa gloire,
Tout s'oppose à l'effort de ton injuste amour,
Qui veut d'un si bon sang souiller un si beau jour,
Albe ne pourra pas souffrir un tel spectacle,
Et Rome par ses pleurs y mettra trop d'obstacle.
        (Au roi.)
Vous les préviendrez, sire ; et par un juste arrêt
Vous saurez embrasser bien mieux son intérêt.
Ce qu'il a fait pour elle il peut encor le faire,
Il peut la garantir encor d'un sort contraire.
Sire, ne donnez rien à mes débiles ans :
Rome aujourd'hui m'a vu père de quatre enfants ;
Trois en ce même jour sont morts pour sa querelle :
Il m'en reste encore un ; conservez-le pour elle.
N'ôtez pas à ses murs un si puissant appui ;
Et souffrez, pour finir, que je m'adresse à lui.
        (A Horace.)
Horace, ne crois pas que le peuple stupide
Soit le maître absolu d'un renom bien solide.
Sa voix tumultueuse assez souvent fait bruit,
Mais un moment l'élève, un moment le détruit ;

Et ce qui contribue à notre renommée
Toujours en moins de rien se dissipe en fumée.
C'est aux rois, c'est aux grands, c'est aux esprits bien
[faits
A voir la vertu pleine en ses moindres effets;
C'est d'eux seuls qu'on reçoit la véritable gloire;
Eux seuls des vrais héros assurent la mémoire.
Vis toujours en Horace; et toujours auprès d'eux
Ton nom demeurera grand, illustre, fameux,
Bien que l'occasion, moins haute ou moins brillante
D'un vulgaire ignorant trompe l'injuste attente.
Ne hais donc plus la vie, et du moins vis pour moi,
Et pour servir encor ton pays et ton roi.
Sire, j'en ai trop dit : mais l'affaire vous touche ;
Et Rome tout entière a parlé par ma bouche.

VALÈRE.

Sire, permettez-moi...

TULLE.

Valère, c'est assez;
Vos discours par les leurs ne sont pas effacés ;
J'en garde en mon esprit les forces plus pressantes,
Et toutes vos raisons me sont encor présentes.
Cette énorme action faite presque à nos yeux
Outrage la nature et blesse jusqu'aux dieux.
Un premier mouvement qui produit un tel crime
Ne saurait lui servir d'excuse légitime :
Les moins sévères lois en ce point sont d'accord ;
Et si nous les suivons, il est digne de mort.
Si d'ailleurs nous voulons regarder le coupable,
Ce crime, quoique grand, énorme, inexcusable,
Vient de la même épée et part du même bras
Qui me fait aujourd'hui maître de deux Etats.
Deux sceptres en ma main, Albe à Rome asservie,
Parlent bien hautement en faveur de sa vie :

Sans lui j'obéirais où je donne la loi,
Et je serais sujet où je suis deux fois roi.
Assez de bons sujets dans toutes les provinces
Par des vœux impuissants s'acquittent vers leurs
[princes,
Tous les peuvent aimer; mais tous ne peuvent pas
Par d'illustres effets assurer leurs Etats ;
Et l'art et le pouvoir d'affermir des couronnes
Sont des dons que le ciel fait à peu de personnes.
De pareils serviteurs sont les forces des rois,
Et de pareils aussi sont au-dessus des lois.
Qu'elles se taisent donc ; que Rome dissimule
Ce que dès sa naissance elle vit en Romule ;
Elle peut bien souffrir en son libérateur
Ce qu'elle a bien souffert en son premier auteur.
Vis donc, Horace; vis, guerrier trop magnanime :
Ta vertu met ta gloire au-dessus de ton crime ;
Sa chaleur généreuse a produit ton forfait ;
D'une cause si belle il faut souffrir l'effet.
Vis pour servir l'Etat, vis, mais aime Valère :
Qu'il ne reste entre vous ni haine ni colère ;
Et, soit qu'il ait suivi l'amour ou le devoir,
Sans aucun sentiment (1) résous-toi de le voir.
Sabine, écoutez moins la douleur qui vous presse ;
Chassez de ce grand cœur ces marques de faiblesse :
C'est, en séchant vos pleurs que vous vous mon-
[trerez
La véritable sœur de ceux que vous pleurez.
Mais nous devons aux dieux demain un sacrifice ;
Et nous aurions le ciel à nos vœux mal propice,
Si nos prêtres, avant que de sacrifier,
Ne trouvaient les moyens de le purifier :
Son père en prendra soin ; il lui sera facile
D'apaiser tout d'un temps les mânes de Camille.

(1) *Sentiment* est ici pour *ressentiment*.

Je la plains ; et, pour rendre à son sort rigoureux
Ce que peut souhaiter son esprit amoureux,
Puisqu'en un même jour l'ardeur d'un même zèle
Achève le destin de son amant et d'elle,
Je veux qu'un même jour, témoin de leurs deux morts,
En un même tombeau voie enfermer leurs corps.

TABLE DES MATIÈRES

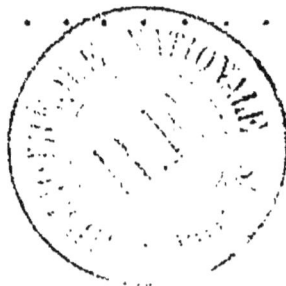

Paris. — Imprimerie Jules Le Clere et Cⁱᵉ, rue Cassette, 29.

SOCIÉTÉ
BIBLIOGRAPHIQUE
Rue de Grenelle, 35

La Société Bibliographique, fondée le 6 février 1868 et autorisée en date du 29 juillet 1869, a pour but :

1° De réunir, dans une pensée et dans une action communes, tous les hommes d'intelligence et de cœur qui, ne séparant pas les intérêts de la religion des intérêts de la science, veulent s'opposer aux progrès de l'erreur et travailler à la diffusion des saines doctrines ;

2° De publier et de répandre, au plus bas prix possible, tous ouvrages, recueils périodiques, etc., rentrant dans le progamme de la Société ;

3° De faciliter la connaissance des sources : dans le présent, par la publication d'une Revue bibliographique universelle tenant au courant de tout ce qui paraît en France et à l'étranger ; dans le passé, en fournissant aux membres de la Société les indications bibliographiques qui peuvent leur être utiles.

Chaque sociétaire paye une cotisation annuelle de dix francs.

Cette cotisation donne droit, entre autres avantages, aux suivants :

1° Se procurer à prix réduit les publications de la Société ;

2° Faire faire, avec remise, ses commissions de librairie par l'agent de la Société ;

3° S'adresser à la Société pour les renseignements bibliographiques dont on a besoin.

Le *Bulletin de la Société Bibliographique* est envoyé gratuitement à tous les Sociétaires.

CLASSIQUES POUR TOUS

CHOIX DE CHEFS-D'ŒUVRE

DE LA

Littérature française et étrangère

P. CORNEILLE, édition annotée par M. Frédéric GODEFROY. 4 volumes. (*Tome 1ᵉʳ paru. Les* tomes 2, 3 et 4 sous presse.)

LA CHANSON DE ROLAND, traduite du vieux français par M. Adolphe D'AVRIL. 1 volume.

SOUS PRESSE

LETTRES DE Mᵐᵉ DE SÉVIGNÉ, avec notes, par M. Frédéric GODEFROY. 4 volumes.

POEMES BIBLIQUES. — Les Psaumes, traduction nouvelle avec commentaires, par M. CLERC. 2 volumes.

RACINE, édition annotée, par M. A. BLOT. 4 v.

SHAKESPEARE, traduction et notes par M. MALVOISIN. 4 volumes.

LE ROMANCERO ESPAGNOL, traduction nouvelle avec notes, par M. DE PUYMAIGRE. 1 V.

Chaque volume in-18 broché . . . . » 50
Reliure anglaise . . . . » 80
Quelques exemplaires de chaque volume sont tirés sur papier de Hollande. Prix 2 50

Paris — Imp. JULES LE CLERE et Cⁱᵉ, rue Cassette, 29.

www.ingramcontent.com/pod-product-compliance
Lightning Source LLC
Chambersburg PA
CBHW070352090426
42733CB00009B/1393